哈尼族是一个勤劳智慧、富于想象和具有创造精神的民族。她用勤劳的双手、超群的毅力和丰富的想象，创造了举世瞩目的梯田文化和茶文化。在红河和澜沧江流域的崇山峻岭，哈尼人利用有利的自然条件，创造并完善了山地梯田稻耕文明，神奇壮观的“哈尼梯田”闻名于世。

国家出版基金项目

走近中国少数民族丛书

主 编/丹珠昂奔

哈尼族

Hanizu

朱志民 李泽然 著

辽宁民族出版社

图书在版编目（CIP）数据

哈尼族 / 朱志民，李泽然著. —沈阳：辽宁民族出版社，2014. 12（2020.5重印）
（走近中国少数民族丛书 / 丹珠昂奔主编）
ISBN 978-7-5497-0928-1

Ⅰ. ①哈… Ⅱ. ①朱… ②李… Ⅲ. ①哈尼族—民族历史—中国 ②哈尼族—民族文化—中国 Ⅳ. ①K285.4

中国版本图书馆CIP数据核字（2014）第310567号

走近中国少数民族丛书·哈尼族
ZOUJIN ZHONGGUO SHAOSHU MINZU CONGSHU · HANIZU

丛书策划 / 李凤山

出版发行者：辽宁民族出版社
地　　址：沈阳市和平区十一纬路25号　邮编：110003
印 刷 者：河北锐文印刷有限公司
幅面尺寸：170mm×240mm
印　　张：12.25
字　　数：170千字
出版时间：2014年12月第1版
印刷时间：2020年5月第2次印刷
责任编辑：李凤山　吴昕阳　金顺玉
封面设计：杜　江
责任印制：杨　雪
责任校对：边京爱

标准书号：ISBN 978-7-5497-0928-1
定　　价：38.00元

网　　址：www.lnmzcbs.com　　邮购热线：024-23284335
淘宝网店：http://lnmz2013.taobao.com
如有印装质量问题，请与出版社联系调换　联系电话：024-23284340

《走近中国少数民族丛书》编辑委员会

《走近中国少数民族丛书》作者名录

《蒙古族》 萨仁图娅（蒙古族）
《回族》 许宪隆（回族） 张龙（汉族）
《藏族》 丹珠昂奔（藏族）
《维吾尔族》 艾克拜尔·吾拉木（维吾尔族）
买力克·买买提（维吾尔族）
伊利迪尔（维吾尔族）
《苗族》 石莉芸（苗族） 李云兵（苗族）
《彝族》 陈国光（彝族）
《壮族》 黄佩华（壮族）
《布依族》 周国炎（布依族）
《朝鲜族》 黄有福（朝鲜族）
《满族》 于今（满族）
《侗族》 杨筑慧（侗族）
《瑶族》 玉时阶（壮族）
《白族》 董建中（白族）
《土家族》 罗中（土家族） 罗午（土家族）
《哈尼族》 朱志民（哈尼族） 李泽然（哈尼族）
《哈萨克族》 艾克拜尔·米吉提（哈萨克族）
伊拉达·拉音别克（哈萨克族）
《傣族》 赵瑛（傣族）
《黎族》 罗文雄（黎族）
《傈僳族》 鲁建彪（傈僳族） 欧光明（傈僳族）
《佤族》 郭锐（佤族）
《畲族》 钟亮（畲族）
《台湾少数民族》 林华（台湾少数民族）
《拉祜族》 苏翠薇（拉祜族）
《水族》 韦学纯（水族）
《东乡族》 马兆熙（东乡族） 马自祥（东乡族）
《纳西族》 白庚胜（纳西族） 孙淑玲（汉族）
白羲（纳西族）
《景颇族》 金黎燕（景颇族）
《柯尔克孜族》 阿地里·居玛吐尔地（柯尔克孜族）
《土族》 祁进玉（土族） 东永学（土族）
《达斡尔族》 毅松（达斡尔族）
《仫佬族》 黎学锐（仫佬族） 黎炼（仫佬族）
《羌族》 雍继荣（羌族） 罗吉华（羌族）
周发成（羌族）
《布朗族》 陶玉明（布朗族）
《撒拉族》 马成俊（撒拉族） 马建新（撒拉族）
《毛南族》 韩德明（汉族）
《仡佬族》 周小艺（仡佬族）
《锡伯族》 阿苏（锡伯族） 盛丰田（锡伯族）
何荣伟（锡伯族）
《阿昌族》 们发延（阿昌族） 张斯齐（蒙古族）
《普米族》 朱凌飞（汉族） 杨周明（普米族）
《塔吉克族》 西仁·库尔班（塔吉克族）
阿力木江·西仁（塔吉克族）
《怒族》 李月英（傈僳族） 张芮婕（傈僳族）
《乌孜别克族》 古丽巴努木·克拜吐里（维吾尔族）
《俄罗斯族》 乃珂热曼·依布拉音（塔吉克族）
《鄂温克族》 黄任远（汉族） 那晓波（鄂温克族）
《德昂族》 袁丽华（汉族） 王燕（汉族）
《保安族》 马少青（保安族）
《裕固族》 董潇红（裕固族） 王政德（藏族）
《京族》 吕俊彪（汉族）
《塔塔尔族》 卡米力·库尔马尤夫（塔塔尔族）
《独龙族》 李金明（独龙族）
《鄂伦春族》 王为华（汉族）
《赫哲族》 黄任远（汉族）
《门巴族》 陈立明（汉族） 张媛（汉族）
《珞巴族》 陈立明（汉族） 李锦萍（汉族）
《基诺族》 朱映占（汉族）

总序

中国是一个统一的多民族国家。几千年来，有着悠久历史和灿烂文化的少数民族，与汉族一道，在中华大地上繁衍生息，共同开发着这块土地，建设、发展、捍卫着这个古老而伟大的国家。各民族都是兄弟，相互离不开，都是这个国家的主人。习近平总书记在第二次中央新疆工作座谈会上发表重要讲话，指出："要坚定不移坚持党的民族政策、坚持民族区域自治制度。民族团结是各族人民的生命线。要高举各民族大团结的旗帜，在各民族中牢固树立国家意识、公民意识、中华民族共同体意识，最大限度团结依靠各族群众，使每个民族、每个公民都为实现中华民族伟大复兴的中国梦贡献力量，共享祖国繁荣发展的成果。各民族要相互了解、相互尊重、相互包容、相互欣赏、相互学习、相互帮助，像石榴籽那样紧紧抱在一起。""要在各族群众中牢固树立正确的祖国观、民族观，弘扬社会主义核心价值体系和社会主义核心价值观，增强各族群众对伟大祖国的认同、对中华民族的认同、对中华文化的认同、对中国特色社会主义道路的认同。"因此，坚持平等、团结、互助、和谐的社会主义民族关系，不断增进了解，深化友谊，建立牢不可破的感情基础，是中国社会转型期、改革攻坚期、矛盾多发期保持社会稳定、发展的基本要求，也是实现中华民族伟大复兴的中国梦的基本要求。

为了进一步宣传我国少数民族的历史文化和民族风情，增强对少数民族的认识，宣传党的民族政策和方针，加深对党的民族政策的理解，加强各民族之间的了解与沟通，让读者了解少数民族，中华人民共和国国家民族事务委员会文化宣传司和辽宁民族出版社共同组织了《走近中国少数民族丛书》。

《走近中国少数民族丛书》的编写有以下三个特点：第一，采用图文并茂的形式、鲜活生动的语言、特色浓郁的图片与丰富的民族常识链接，向读者展示我国55个少数民族的历史渊源、民族变迁、社会生活、文化艺术、风俗习惯、历史人物和民族区域自治政策的伟大实践。第二，作者多为本民族的专家学者和与民族研究工作相关的专家学者，对自己撰述的对象既有深厚的知识积累，也有真挚的情感。第三，内容彰显了历史与现实、民族文化与地域文化、民族区域自治地方与散杂居地区少数民族生产生活的多彩画卷和轨迹，引导读者走近少数民族，聆听他们的古老传说，感受他们的发展变化，加深彼此的沟通和了解。这套《走近中国少数民族丛书》是面向民族干部和各级干部通览我国少数民族概况的普及读本，也是图书馆的必备藏书。

《走近中国少数民族丛书》所揭示的每一个民族的历史，都承载着这个民族的文化，也承载着这个民族的发展和未来。中华大地孕育的55个少数民族多彩斑斓的民族文化，同汉族文化一道从远古走到今天，汇入了中华文化壮阔的历史长河。“共同团结奋斗，共同繁荣发展”，保护、传承和弘扬少数民族优秀文化，不仅是推动我国民族团结进步事业的重要内容，也是构建和谐社会、实现中华民族伟大复兴的中国梦的重要使命。期待通过《走近中国少数民族丛书》，使广大读者徜徉于少数民族多彩风情的同时，更加深刻地了解和认知中华民族多元一体的文化内涵，感受中华民族悠久历史的深远与厚重。

丹珠昂奔

2014年6月26日

前言

哈尼族 创造山地农耕文明奇迹的民族

2003年，时任云南思茅地委统战部部长、地区政协工委副主任的郑映德先生，为了让家乡的哈尼人，特别是哈尼后代了解自己民族、不忘自己是哈尼族一员，在其家乡云南省景谷傣族彝族自治县文折村竖立“哈尼族碑”，并在新建的村小学校长廊绘制“哈尼族历史和民俗风情”墙画。这应该是我国纷繁众多碑林中，以哈尼族为内容的第一块“哈尼族碑”，是小学校里少有的哈尼族系列长画。我有幸受郑映德先生邀请，真情撰写了哈尼族碑碑文。

“哈尼族碑碑文”全文如下：

哈尼族是一个世界性民族。中国有哈尼族143万余人，位居全国少数民族的第十五位，位居全省少数民族的第三位，是云南独有的15个少数民族之一，主要分布在云南省的红河哈尼族彝族自治州、思茅地区、西双版纳傣族自治州和玉溪市，思茅地区有哈尼族42万人。哈尼族是一个跨境而居的民族，国外哈尼族（阿卡人）约50万人，主要分布在缅甸、泰国、老挝和越南等国家。

哈尼族具有悠久的历史。本民族的史诗传说中，哈尼族是“松米窝”的子孙，先民曾游牧于北方一条江边的“努玛阿美”平原。根据学者研究，哈尼族与彝、拉祜等民族同源于古代的羌人，与其他民族相分化而后融合成为一个民族的历史已近两千年。哈尼人历经迁徙，逐渐定居在哀牢、无量山区和东南亚北部山区等广大地区。哈尼族自称哈尼、卡多、雅尼、豪尼、碧约、白宏等，新中国成立后，根据本民族的意愿，第一次有了自己民族统一的名称。

哈尼族是一个勤劳智慧、富于想象和具有创造精神的民族。她用勤劳的双手、超群的毅力和丰富的想象，创造了举世瞩目的梯田文化和茶文化。在红河和澜沧江流域的崇山峻岭，哈尼人利用有利的自然条件，创造并完善了山地梯田稻耕文明，神奇壮观的“哈尼梯田”闻名于世；云南是世界茶树的原产地，“茶出银生城界诸山……”（唐·樊绰），作为银生节度管辖范围（称为“和泥地方”）主要居民的哈尼人是茶文化的创始者，现今云南古茶树、古茶园大都分布在哈尼族聚居地区。

哈尼族也是一个淳朴、善良和具有美好品德的民族。哈尼人追求和谐，善待自然，保护生态，在严峻的自然环境中生存并不断延绵发展下来；哈尼人注重团结，崇尚和睦，互相帮助，在长期迁徙流动过程中齐心协力，战胜艰难险阻，逐步建成定居的家园，心中的乐园；哈尼人不屈不挠，坚定顽强，乐观向上，在两千年的历史风云变幻中不断繁衍壮大起来，并铸就了坚韧不拔、自强不息的民族精神，创造了独具特色、辉煌灿烂的民族文化，正在建设着文明富裕、繁荣昌盛的小康生活。新的世纪，哈尼族人民和各民族人民一起携手并肩，共创幸福美好的未来。

正如碑文所述，哈尼族具有悠久的历史，是一个勤劳智慧、富于想象和具有创造精神的民族，也是一个淳朴、善良和具有美好品德的民族。这是我对哈尼民族的基本认识，也是世人对哈尼民族形成的共识。特别是近年来，随着云南红河哈尼梯田文化景观申遗成功，以及哈尼族与全人类宝贵的文化遗产——普洱茶的深厚渊源逐步被认可，哈尼族创造山地农耕文明奇迹、对世界文明做出的重大贡献，被越来越多的人所传扬。

哈尼梯田，指红河南岸哀牢山区以哈尼族为主的各族人民，利用“一山分四季，十里不同天”“山有多高，水有多高”的特殊地理气候，发挥聪明才智和创造精神开垦的上百万亩农业生态奇观。哈尼梯田属于世界文化遗产中的文化景观类型，具有如下特点：历史悠久，汉文史料记载就有1300多年以上的历史；规模宏大、气势磅礴，绵延整个哈尼族地区；与自然环境结合得特别紧密，体现了人与自然和谐发展的独特创造力；以梯田为核心，体现了认识自然、顺应自然、与大自然和谐共融的特点；文化遗产价值特别突出，作为一个千年文明活的系统，是中国梯田的优秀代表，是世界农耕文明的典范，具有丰富的多学科价值，主要体现在历史价值、科学价值、经济价值、美学价值、保护价值等五个方面。

茶是世人公认的真正健康、文明的饮料。普洱茶名重天下，因其独特的风味和优越的品质，成为中华和世界茶苑中的奇葩。

哈尼族与茶有着不解情缘，茶是哈尼等各族人民对世界文明的重大贡献。哈尼族历史和现今的聚居地区，是世界茶树原产地之一和发现、驯化、培植茶的主要地区，是普洱茶的发祥地和原产地。

哈尼族种茶的历史十分悠久。哈尼族先民生活的雅安蒙山一带是中国种茶业和茶文化的发祥地。云南产茶最早的记载，始于唐代的银生（和泥）地区；哈尼族聚居地区是古茶树、古茶园集中分布地区。

普洱、西双版纳等州市的哈尼山区，是驰名中外的普洱茶产地。民国前，普洱茶原料地分布与哈尼族人口分布完全一致。

哈尼人在上千年的岁月中，已经形成了地种到哪里，茶树就种到哪里的习惯。哈尼族地区古茶树和古茶园的分布，反映了哈尼族对茶叶种植的传播史，实际上也是古代哈尼族迁徙的一条路线。宁洱哈尼族彝族自治县是普洱茶的集散地和原产地，在板山发现两棵古老的栽培型茶树，据专家推断其中一棵有一千多年历史，哈尼等民族先民年年祭拜，代代相传。在列入云南省茶组植物种表的31个品种中，唯一以民族命名的茶种就是“哈尼茶”，这是为表彰哈尼族先民发现、驯化、培植、利用、推广茶文化所做出的贡献。

“茶马古道”及“稻米之路”“西南丝绸之路”是哈尼族先民的南迁之路，更是古代传播文明之路。在《哈尼阿培聪坡坡》《雅尼雅嘎赞嘎》等哈尼族迁徙史诗中，哈尼族的迁徙路线与“茶马古道”等路线重合。历史上，哈尼族地区古道纵横交错，形成了四通八达的交通网络，使哈尼族地区与世界紧紧连在一起。“茶马古道”与“稻米之路”“西南丝绸之路”融合在一起，形成了文明传播的桥梁；哈尼等各族先民创造的茶文化和稻作文化远播国内外，并影响了世界的文明。这些古道，是世界上地势最高、山路最险、距离最远、跨越的山峰大河最多、连接民族最广、文化底蕴最丰厚的世界性的独一无二的文明大道，是难能可贵的人类文化遗产。

目录

第一章
源远流长的民族历史

2013年6月，云南红河哈尼梯田文化景观成功申遗，成为第一个以民族名称命名的世界文化遗产。红河哈尼梯田文化保护进入国际文化遗产保护视野，扩大了哈尼族传统文化的国际影响力。哈尼梯田申遗成功，其意义不仅是中国又增加一处世界遗产，更在于它是中国农耕文化的典型代表作。红河哈尼梯田文化，既是中华民族宝贵的文化遗产，更是人类文明的稀世瑰宝，是哈尼族人民对保持世界文化多样性做出的重大贡献。

从虎尼虎那山到诺玛阿美，从和夷底绩到世界文化遗产哈尼梯田，哈尼民族走过了漫漫长途。

▲

元阳箐口民俗村哈尼族银圆牌，有鱼、螃蟹、青蛙、鸟等图案

口碑传说中的民族起源

对人类的诞生，哈尼族有独到的认识。鱼生宇宙说是哈尼族独有的，这与现代科学研究史上一切生物都来自海中的观点一致。哈尼族古歌《窝果策尼果》《烟本霍本》等认为，天、地、神、人都为鱼所生；金鱼娘扇动鳍鳞，抖出天神、地神、日神、月神、人神和海神。人类的诞生亦与鱼相关：大鱼在造天造地后，将身子一摆，从脊背里送出七对神和一对人种。《阿培阿达埃》《祖先鱼上山》等讲述了人神的诞生和祖先鱼上岸后变成人的过程。这与《山海经·海内南经》记载的炎帝（哈尼族古歌中人神名为“烟蝶”）后裔氐人国（互人国、盍人国）“人面鱼身”的神话存在关联性，在鱼创世神话不太多见的中国具有保留完整的唯一性，哈尼人来自远古的氐人，为炎帝的子孙。

奕车少女用鱼饰装扮，以示祖先和鱼的渊源关系 ▶

在哈尼族古歌里，虎尼虎那山是哈尼人的摇篮。虎尼虎那，即长着红、黑色石头的山，“岩石一层高过一层，凸凸凹凹像天狗的牙齿”，山两侧是两条大河，“飞禽走兽数不尽”，“游鱼跳虾数不完”。在这里，人类共祖塔婆生下72种人，即各族先祖，他们逐步学会穴居、采食、讲话、穿衣，学会用火、巢居、狩猎、熟食。哈尼先祖诞生在虎尼虎那山，“先祖的人种种在水里”，渐由螺蛳、蜂子一类小动物变成直立行走的人，学会了采集、狩猎、捕鱼和用火。

有学者认为，虎尼虎那地方为今阿尼玛卿山南麓至巴颜喀拉山。阿尼玛卿山是以“阿尼”（古雅语与古彝语中“阿”与和、峨音义皆同，“尼”即人，“阿尼”即和人、峨人）与“玛卿”（玛卿人，最早的藏人部族之一）两个部族的名称命名的。巴颜喀拉为蒙古语地名，语义是“富饶青（黑）色的山”，在古彝语与古雅语中，“巴颜喀拉”与“虎尼虎那”语音上很接近。上述两山在古民族迁移通道上为西迁支线的转折地，部分古夏人等部族向西迁移至此形成新的族群，后来由此向南方迁移。其中一大部在西南面的雅鲁藏布流域定居下来，即今日藏族的主体。“阿尼”在安多藏语中是先祖之意，藏人至今视阿尼玛卿山为先祖神山，而巴颜喀拉在藏语中语义亦是“祖山”。哈尼族在这一区域形成了一个新的民族。这一带是原生牦牛的栖息地，有“牦牛的故乡”之称。《哈尼阿培聪坡坡》中有“天神地神杀翻查牛造下了万物”的传说：牛的左眼变成了太阳，右眼变成了月亮，粗大的牛骨变成了神奇的虎尼虎那高山。古歌对远古时期环境生态与文化的记述，与这一带的实际状况相吻合。

知识链接 **《哈尼阿培聪坡坡》**意为“哈尼族先祖的迁徙”，共七章，分别为“远古的虎尼虎那高山”“从什虽湖到嘎鲁嘎则”“惹罗普楚”“好地诺玛阿美”“色厄作娘”“谷哈密查”“森林密密的红河两岸”等部分。由于食物减少，先民经过虎尼虎那山侧艾地戈耶河来到高原湖泊什虽湖边；历经数代后，因大火焚毁了森林，失去了食物来源，又迁到竹子成林的嘎鲁嘎则，与南方稻作民族“阿撮”（古语，为“筰人”）交往共存。后来两族发生矛盾，哈尼人又迁到雨量充沛的惹罗（意为“黑水”）地区，第一次实现安寨定居；由游牧民族演变为以水稻耕作为主的农业民族，出现了部落首领、宗教祭司与工匠三体联合的政治体制。后因瘟疫横行，不得不迁至冲积平原“好地诺马阿美”。哈尼人在诺马阿美生活了十三代，这里水肥两利，生产发展到很高水平，因与邻近民族“腊伯”（哈尼语“异族”）发生战争失利，南迁到色厄作娘（今大理地区）。此后，又逐渐东移到谷哈密查（埋藏三尖叉的地方，今昆明滇池一带），哈尼人为向原住民表示和平诚意，把武器埋于地下。后来与先入主此地的“蒲泥”（哈尼语，意“濮人”）发生矛盾，哈尼人又战败南移；经那妥（今通海地区）、石七（今石屏）南渡红河（元江），深入哀牢山腹地，开发荒山，凭高守险，繁衍至今。

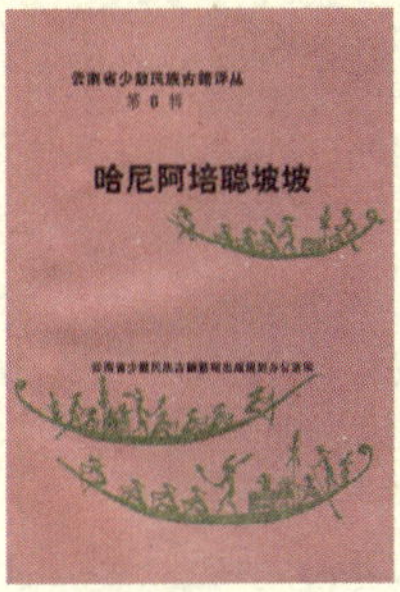

哈尼族迁徙史诗《哈尼阿培聪坡坡》书影

虎尼虎那之后，由于气候与地面生活资源状况的变化以及与其他民族的纠纷等原因，哈尼祖先开始了漫长的迁徙历程。哈尼史诗《哈尼阿培聪坡坡》《雅尼雅嘎赞嘎》《哈尼祖先过江来》《奥包密色》《十二奴局》和殡葬祭祀诗歌《斯批黑遮》等，记录了在各个历史时期的迁徙史路、在各个居住地的生活图景，并以迁徙为中心事件，唱述了主要的迁徙原因、迁徙路线及迁徙过程。

中越老三国丢包节哈尼族牛体彩绘大赛

知识链接 哈尼族史诗涉及民族形成初期的一些重要地名。“什虽湖”，被考证为古南海，哈尼人在什虽湖畔居住的地区，即今阿坝一带；随后的南迁路线应该是沿阿坝水向，入大金川，下大渡河。在这个过程中，在“嘎鲁嘎则”定居过一段时期，并跟窄人（从古南海向南方迁移的另一个强大的古民族）共处，学会了以水稻耕作为主的农业技术。然后又南迁到“惹罗”（“黑水”），在这里完全转变为农业民族。后继续沿大渡河南迁，发现了“好地诺马阿美”，即川西平原峨山一带；“诺玛阿美又平又宽，抬眼四望见不着边”，哈尼人（和人、峨人）在这里居住繁衍了整整13代人。

千年拓荒耕耘之路

汉文史籍记述

汉文史籍对哈尼族先民的最早记载与农事、稻作有关。《尚书·禹贡》记载，早在2 300多年前，哈尼族先民“和夷”在“西南黑水之间”（岷江、沱江之间的区域，即今成都平原），已经开荒垦田，进行水稻耕作；“岷、嶓既艺，沱、潜既道，蔡蒙旅平，和夷厎绩。厥土青黎，厥田惟下上，厥赋下中三错。”《山海经·海内经》说：“西南黑水之间，有都广之野，后稷葬焉，爰有膏菽、膏稻、膏稷，百谷自生，冬夏播琴（殖）。”其“蔡蒙旅

在梯田收获的哈尼妇女

平，和夷底绩”，《史记集解》的解释是夏禹治水成功，上山进行旅祭以谢天，下山与各族人民共庆大功告成。从今天川西山区“水田密布”的情况看，当时的治水目的，很大程度上是为农业生产所需。可见曾是哈尼族先民聚居的这一地区，很早就有着较为发达的农业。

有关早期哈尼族另一较早记载，是《尧典》所记：“乃命羲、和，钦若昊天，历象日月星辰，敬授人时。”和人部族迁至峨山一带定居至尧、舜时期，已是一文明强盛的民族。东汉马融注解云：“羲氏掌天官，和氏掌地官”，即负责解释天象，制定历法和时间制度，使中央和地方政府活动依循历法的规定进行；而这种知识体系的形成，需要有发达的农业活动和长期的科学观察与知识总结。至今，夏代已形成的完善的农历，与四川一带的气候变化依然是基本吻合的。古和人对中国农历的建立做出了重大贡献。

稻作与原始农业

人类祖先利用野生稻种，经过漫长的人工选择，驯化出了粳稻。亚洲栽培稻是在一万多年前由亚洲的野生稻人工驯化而来，广泛分布于中国、东南亚及南亚的普通野生稻是亚洲栽培稻的野生祖先种。据出土文物和中外植物学家的考察，在哈尼族迁徙居住过的地方，元谋县大墩子和宾川县白羊村等地发现了距今3 000多年的稻谷和稻作文化痕迹。在现哈尼族聚居的绿春、宁洱、思茅、澜沧、景洪、勐海等地发现野生稻，证实了哈尼族先民与稻作文化的渊源关系，哈尼族迁居的地方是人类早期驯化栽培稻谷的地区之一。与"能殖百谷"的神农（柱农）让狗上天偷来谷种的传说一样，哈尼族神话中解释了"尝新谷先喂狗"的习俗由来。

知识链接 **尝新谷先喂狗** 古时，人间没有稻种，乌木（大头人）许诺说，谁能把稻种从天上取来，就把独生女儿嫁给谁。许多人和动物都试过，没有成功，只有聪明的狗成功了，于是它娶到乌木的女儿。为了牢记狗的恩德，稻谷新熟时，哈尼人要用第一碗新米饭喂狗。

山谷地

对野生稻的驯化、栽培，《窝果策尼果》"湘窝本"（意为"开田种谷的来源"）中说，"哈尼先民看见老鼠打洞，草籽掉进洞里，老鼠用后脚蹬土把草籽埋好，于是长出庄稼结出籽实，便学会了栽种。"在《哈尼阿培聪坡坡》第二章里说到，女能人遮努（柱农）摘来了饱满的草籽，种进最黑最肥的土壤，又背来湖水泼在籽上。草籽发出了粗壮的芽，草籽长出了高高的秆。这些说明哈尼人是最早驯化野生稻的民族之一，水稻种植是哈尼人古老的生产内容。

哈尼族先民很早就开始了原始农业生产。在"湘窝本"中，讲到开水田种稻谷："是哪个教会他们开田？是哪个教会他们浇地？是水牛教会的，是大猪教会的。"原来是牛、猪在寨脚的大坝里拱土打滚，把大坝滚成泥塘，有水有肥，长出的庄稼更粗壮，结出的稻谷格外饱满，哈尼人学会了开垦水田种植。

哈尼先民和人（峨人）在“惹罗”完全转变为农业民族，建立了自己的农业文明体制及其新的社会制度；在峨山脚下找到广阔而富饶的川西平原，并以峨山为根据地开发川西平原，是川西平原最早的农业开拓者之一。《禹贡》所记述的，就是这一时期的哈尼族。

▲

云南镇沅千家寨2700年野生古茶树

茶产业开发决定了民族迁徙流动

茶叶的发现、驯化、培植、食用，也是哈尼等民族在生产生活中观察、发现和实践的结果。在哈尼、拉祜、布朗等民族的口碑文学中，有许多发现茶、驯化茶、利用茶的传说。哈尼族古歌《种茶调》中说，最先种茶的是哈尼族的卡别人。并传说远古时，哈尼人猎获凶豹，寨里人饮酒吃肉，通宵达旦唱歌跳舞，口干舌燥。烧水解渴时，茶树叶随风飘进锅里，喝后感到身体舒服、眼睛明亮、头脑清醒，逐渐成为离不开的食物。

知识链接 **蒙山茶** 《尚书》所记载的“蔡、蒙旅平”，“蔡”是周公山，“蒙”是雅安境内名山县西的蒙山。蒙山是四川盆地登青藏高原的第一梯，登山东望，低山遍野，水田密布，是中国种茶业和茶文化的发祥地。早在公元前53年，吴理真将七株“灵茗之种，植于五峰之中，高不盈尺，不生不灭，迥异寻常”，这是我国人工种茶最早的记载。雅安人驯化栽种野生茶树，开创了人工种茶的历史。所谓“蒙山也，在雅州，凡蜀茶尽出于此”。蒙山茶从742年起作为贡茶，并作为国家级礼茶，漂洋过海传到国外。哈尼族先民发现、驯化、培植茶的传说，在雅安蒙山茶的发展历史中得到了印证。

▲

采茶的哈尼族女孩儿

普洱、西双版纳和红河等哈尼族地区，是公认的世界茶树原产地之一和普洱茶的发祥地和原产地。云南的古茶树、古茶园大都分布在哈尼族聚居地区。哈尼族地区产茶的记载始见于唐代，樊绰《蛮书·云南管内物产》记载：“茶出银生城界诸山，散收。无采造法。蒙舍蛮以椒、姜、桂和烹而饮之。”“银生城界”，即今普洱、西双版纳和红河南岸地区。蒙舍蛮应为今哈尼、布朗等民族先民，在长期的生产劳动中逐渐认识、利用野生茶树，并不断加以驯化、栽培，共同开创了祖国的植茶历史。经普查，普洱有古茶园18.2万亩，西双版纳有古茶园13万多亩。2012年，联合国粮农组织公布“普洱古茶园和茶文化系统”为全球重要农业文化遗产保护试点。

▲

落日融田

世界奇观——哈尼梯田

哈尼族先民在上千年的迁徙中，开拓祖国疆域，开发粮食、茶叶等民生产业，实际上是拓荒耕耘之路。在“藏彝走廊”的研究中，特别是近几年形成的“生态移民”观点告诉我们，哈尼族的南迁，有传统民间文学中认为的战乱，但更重要的是南下开拓疆域，是生态环境所决定的生计选择和产业发展需要这两个原因。

从史籍、地方志等资料看出，早在公元前2世纪，滇南一带已有哈尼先民分布。汉代司马迁《史记·西南夷列传》记载，西汉时期云南少数民族“西南夷”中较先进者已是“耕田，有邑聚”，是指稻作农耕，有村落，其中包括了哈尼族。唐代樊绰《蛮书·云南管内物产》记述，“蛮治山田，殊为精好”，其意为耕种山田，技术精湛。明初有左能吴蚌颇、纳更龙嘴等开垦梯田有功给冠带、管理地方的记载。元阳全福庄有一“分水石”（分配流入各户梯田），已设四十六七代人，已逾千年。

黑白梯田

这些表明，到樊绰记载哈尼梯田时，哈尼先民开发梯田已经历了较长时间，形成了较大规模。到明代梯田开发由哈尼族首领组织，开垦的梯田遍布哀牢山区，蔚为壮观，说明哈尼族在滇南山区开发梯田的历史已近两千年。哈尼族人民在上千年的历史变迁中，埋下身来，一丘一亩、一级一蹬，开辟了壮观无比的梯田，把大山雕塑成为一道道美丽的风景。哈尼梯田蕴含了哈尼人在同大自然的和谐相处中，对大自然的深刻认知和把握，折射出哈尼人高超的生命智慧，堪称人间奇迹，并为世人树立了坚忍不拔、开拓创新的精神榜样。

第二章
丰饶美丽的哈尼家园

哈尼族主要分布在云南省南部、西南部，区位独特优越，山川雄奇秀丽，资源雄厚富集，物产独特丰富，在云南省构建“一带一路”、长江经济带等国家发展战略的连接交汇战略支点，建设面向南亚东南亚辐射中心的新形势下，迎来了难得的发展机遇。

区位独特优越

云南是中国通往东南亚、南亚的门户，地处中国与东南亚、南亚三大区域的结合部。拥有国家一类口岸13个、二类口岸7个，与越南、老挝、缅甸三国接壤，与泰国和柬埔寨通过澜沧江—湄公河相连，并与马来西亚、新加坡、印度、孟加拉国等国邻近，是我国毗邻周边国家最多的省份之一。

哈尼族集中分布的红河、普洱、西双版纳等州市，与越南、老挝、缅甸接壤，现有哈尼族146万人，占上述州市人口的18.13%。与越南接壤的绿春、金平、江城，与老挝接壤的江城、勐腊，与缅甸接壤的勐腊、景洪、勐海、澜沧、孟连等边境县市，有哈尼族61.68万人。哈尼族聚居地区拥有国家一类口岸8个、二类口岸1个；往东南可进入越南，从西南连接缅甸、孟加拉国、印度等国，南方通向整个东南亚。哈尼族地区得天独厚的区位优势，经济发展上，从单纯依赖内地市场变成既可依赖内地，也可依赖东南亚市场；不仅可以充分整合当地以及东南亚资源优势，还可以利用东南亚国家与西方国家之间的贸易优惠政策，进入发达国家市场。

金平金水河国家一类口岸

▲

边境线上的
绿春县城

红河哈尼族彝族自治州位于云南省东南部，金平、绿春、河口三县与越南山水相连，国境线长848公里。现有河口、金平金水河国家一类口岸，5条对外通道。滇越铁路从河口出境经河内到海防港仅400公里，昆河高速公路与越南7号公路连接，可当日抵达河内。随着中国—东盟自由贸易区建设的全面启动和中越“昆明—老街—河内—海防—广宁”、“南宁—谅山—河内—海防—广宁”两个经济走廊以及“环北部湾经济圈”加快建设，红河哈尼族彝族自治州成为对外开放的前沿和东盟自由贸易区的桥头堡。红河哈尼族彝族自治州已形成铁（铁路）公（公路）机（机场）的综合立体交通格局，河口口岸处于“两廊一圈”走廊的中心位置，是滇越铁路、昆河公路、红河国际航道与越南乃至东南亚地区铁路、公路、航道连接的交通要道，是一个集铁路、陆路和水路为一体，地处中国—东盟两大市场的结合部和昆明、河内两大城市辐射的交汇点。

普洱市位于云南西南部，江城县与越南、老挝接壤，澜沧、孟连、西盟三县与缅甸毗邻，国境线长486公里。现有思茅港、勐康国家一类口岸和勐阿国家二类口岸，18条对外通道。普洱是全国唯一一个“一市连三国，一江通五邻，一脚踏三边”的地

江城勐康国家一类口岸

方。位于澜沧江—湄公河中段的思茅港口岸是国家级一类水路口岸，勐康口岸是昆明通往老挝最便捷的陆路通道。全市立体交通网络已经形成，横跨三个国家、全长约1 750公里的昆曼高速公路已经全线贯通，泛亚铁路中线开工建设，澜沧江国际航运即将复航，李仙江国际航运正在开发，普洱区域性国际空港建设有效推进，将拥有3个民用机场和2个通用通勤机场。

普洱机场

西双版纳傣族自治州位于云南省最南端，勐腊县与老挝接壤，景洪、勐海二县与缅甸毗邻，国境线长966.3公里。是云南边境线最长、国家级口岸最多、离泰国最近的地区，也是我国向东南半岛腹地延伸度最长的地区，一江连六国、澜沧江纵贯辖区全境。现有西双版纳国际机场、景洪港、磨憨、打洛等国家一类口岸，60条对外通道。构建了直通东南亚国家的水陆空立体通道网，澜沧江—湄公河“黄金水道”商船、游船畅通无阻，景洪至邻国的汽车客货运输规模不断扩大，国际机场开通了至泰国曼谷、清迈和老挝琅勃拉邦、万象的国际航班。

哈尼族分布的昆明市和玉溪市，是滇中城市群和产业新区建设的核心。其中，玉溪市对上是承接昆明政治、经济、文化和对外开放的重要节点，对下起着辐射邻近州市和西南周边国家的重要作用，是云南“国际大通道”的重要枢纽和面向东南亚、南亚实施走出去战略的集散、加工“腹地”。随着泛亚铁路东、中线的相继修建和昆曼高速公路的建成，玉溪成为滇中经济区开放发展的前沿。

繁忙的景洪港

昆曼高速公路红河大桥

山川雄奇秀丽

哈尼族聚居地区，从自然地理分布看，主要分布在“两山三江”（哀牢山、无量山和红河、澜沧江、李仙江）的崇山峻岭。这一区域峰峦叠嶂、江河纵横的地理，孕育出别具特色、神奇秀美的自然景观。

北回归线上的民族

北回归线带上的云南红河、普洱、西双版纳、玉溪等州市是哈尼族聚居的主要地区。其中元江、墨江、宁洱等县地跨北回归线，并从元阳、建水、红河、元江等县市的交界处穿越而去。哈尼族被称为北回归线上的民族。

知识链接 **北回归线** 意指太阳在北半球直射距离赤道最远的位置，大约在北纬23° 26′，是北半球温带和热带的分界线。北回归线两侧的陆地，几乎都是沙漠；但云南段的700公里，常年郁郁葱葱；其中红河、玉溪、普洱和西双版纳等州市山水相连，森林覆盖率分别达到45%、54.2%、68.7%和78.3%，连片形成了北回归线上最大绿洲。西双版纳热带雨林被《中国国家地理》杂志评为“中国最美的森林”之一。

国家级自然保护区

目前，北回归线上的哈尼族地区，有国家级自然保护区6个。

哀牢山国家自然保护区中山湿性常绿阔叶林景观

哀牢山国家自然保护区 位于新平、景东、镇沅、双柏、楚雄等县交界处，面积50 360公顷。有完整而稳定的以亚热带中山湿性常绿阔叶林为主体的森林生态系统，国家重点保护植物有水青树、野荔枝等14种，重点保护动物有黑长臂猿、黑叶猴、短尾猴、灰叶猴、蜂猴、绿孔雀、孟加拉虎等26种。区内有大草坝、徐家坝人工水库两座，林木蓊郁，风光秀丽，气候湿凉。

无量山国家级自然保护区 位于景东、南涧两县结合部，面积30 938公顷。主要保护对象是黑长臂猿及其栖息环境，国家重点保护植物有云南红豆杉、伯乐树、长蕊木兰等36种，重点保护动物有黑长臂猿、蜂猴、熊猴、灰叶猴、金钱豹等8种，其中黑冠长臂猿98群1 000多只，是我国黑长臂猿种群分布最多、最集中的地方。

黄连山国家级自然保护区 位于绿春县境，面积61 860公顷。主要保护热带季节雨林、山地雨林、湿性季风常绿阔叶林、山地苔藓常绿阔叶林为主的森林生态系统和绿春苏铁、白颊长臂猿、黑长臂猿、印支虎、马来熊等为代表的珍稀濒危物种及其栖息地生态环境；珍稀濒危植物10多种，其中苏铁面积有4 838公顷，是目前国内苏铁数量最多且分布面积最广的苏铁群落；珍稀濒危动物28种，有8种灵长类动物分布，在我国自然保护区中绝无仅有。

金平分水岭自然保护区 位于金平县境内，面积42 000公顷。主要保护对象为珍稀濒危物种黑长臂猿、蜂猴等及森林生态系统，有32种属于珍稀濒危动物，列为国家重点保护的两栖爬行动物有8种，列为国家重点保护的鸟类有58种。

西双版纳国家级自然保护区 由勐腊、尚勇、勐仑、勐养、曼搞五大片组成，面积241 776公顷。主要保护对象为热带森林生态系统和珍稀动植物，国家重点保护植物有望天树、桫椤、野生稻、板状根等53种，特有植物有细蕊木莲等30种。国家重点保护动物有绿孔雀、黑长臂猿、亚洲象等24种，特有动物有双带鱼螈等7种。

▲

无量山自然保护区黑冠长臂猿

纳板河流域国家级自然保护区 地跨景洪市嘎洒镇和勐海县勐宋乡、勐往乡，面积26 600公顷。是我国第一个按小流域生物圈保护理念规划建设的多功能、综合型自然保护区。主要保护对象为以热带雨林为主体的森林生态系统及珍稀野生动植物，国家重点保护植物有20种，国家重点保护动物有68种。

哈尼族地区还有元江（干热河谷稀树灌木草丛、亚热带森林及野生动物）、糯扎渡（森林及野生动植物）、墨江桫椤（桫椤及其生境）、元阳观音山（亚热带中山苔藓常绿阔叶林）、阿姆山（森林及野生动物）等5个省级自然保护区。

两山三江

哀牢山 斜贯云南中部，北起楚雄市、南抵绿春县，全长500公里，为云岭向南的延伸，是云贵高原和横断山脉的分界线，也是元江和阿墨江的分水岭。哀牢山区是哈尼族分布最集中的地区，有哈尼族130万人，占哈尼族总人口的80%以上。哀牢山浑厚巍峨，主峰大磨岩峰海拔3 165.9米，登上峰顶极目远眺，雄伟壮阔，层峦叠嶂，原始森林一望无际；自然资源十分丰富，被誉为“动植物的天然基因库”。这里有世界上保存最完好的原生态亚热带山地湿性常绿阔叶林，树老藤枯，遮天蔽日，每一棵树不管大小，都身披绿苔，形态各异；珍禽异兽，出没其间，惊险刺激，神秘莫测。

▲

绿春黄连山国家级自然保护区瀑布

无量山 西北起于南涧彝族自治县，向西南延伸至景东、镇沅、景谷、澜沧、思茅、宁洱和西双版纳，有哈尼族30多万人。无量山属横断山脉云岭余脉，点苍山向南延伸的一个分支，险奇

无量山

峻秀，气势雄浑。主峰笔架山海拔3 376米，海拔2 500米以上的还有猫头山、背娃娃山、金鼎山、通鼻子山、大囤子山、凤冠山、朝阳山等。远眺无量山，可见群峰对峙、高耸入云。无量山与哀牢山同处于横断山系和云南高原两大地理区域的接合部，处在滇西缅北、横断山脉、云贵高原、中南半岛四个地理区域的结合部位；因其独特的地理位置，复杂多样的气候类型，孕育了种类繁多的野生动植物资源，成为珍稀动植物的荟萃地。

红河—元江　为中国、越南间的国际河流，全长1 185公里，发源于巍山哀牢山东麓，上源称礼社江，到三江口后称元江，进入越南后称红河，最后注入南海的北部湾。在云南境内干流长677公里，流经南涧、楚雄、新平、元江、红河、石屏、元阳、建水、个旧、金平、蒙自、河口等县市；元江在玉溪境内长223公里，流经哈尼族聚居的新平、元江等县；在红河哈尼族彝族自治州境内长240公里，流经哈尼族聚居的红河、石屏、

红河第一湾

元阳、建水、个旧、金平等县市。

红河—元江在我国境内的支流主要有绿汁江、藤条江，沿岸是哈尼族聚居地区。绿汁江横贯滇中地区，发源于武定县，流经禄丰、双柏、易门、峨山至新平彝族傣族自治县的水塘镇与礼社江汇合后称元江，沿岸生活着彝、哈尼族等少数民族。藤条江发源于红河宝洞山，流经元阳、绿春、金平，流入越南后称南那河，并在越南境内与红河干道汇合；藤条江为李仙江（黑水河）支流，主要支流有乌拉河、猛平河、三家河、金平河、金水河等。

澜沧江—湄公河 有“东方多瑙河”之称，是世界第六大河，亚洲第四长河，东南亚第一长河。是亚洲流经国家最多的河流，流经中国、缅甸、老挝、泰国、柬埔寨和越南，全长4 909公里。发源于唐古拉山北侧的扎纳日根山脉的查加日玛峰南坡的扎阿曲，源头在青海玉树州的杂多县吉富山。在中国境内的流程为2 198公里，在云南省内干流长444.1公里，流经哈尼族聚居的景东、镇沅、景谷、宁洱、思茅、澜沧、景洪、勐腊等县市。

澜沧江—湄公河在我国境内的支流，主要有小黑江、扎糯江、椤梭江，沿岸是哈尼族聚居地区。小黑江发源于镇沅，流经景谷、宁洱两县后汇入澜沧江；扎糯江又名黑河，纵贯澜沧县中部，发源于翁拐姆山、岗多哨山和邦美山的三条溪流，在糯扎渡汇入澜沧江；椤梭江发源于宁洱勐先镇，流经江城、思茅、景洪、勐腊等县区市，在勐腊汇入澜沧江。

李仙江 发源于巍山县，上游称川河、把边江，与东支阿墨江汇合后称李仙江，进入越南后改称沱江（黑水河），并在越南境内汇入红河。主要支流有他郎河、泗南江、猛野江等。中国境内河道长472公里，上游谷地与小平坝相间，中下游河谷狭长、山势陡峻，河道蜿蜒曲折，沿河多急滩。

李仙江

资源雄厚富集

矿产资源比较丰富

云南素有“有色金属王国”之称，哈尼族聚居地区是矿藏资源比较丰富的地区。红河州地处滇东、滇东南、滇西三大成矿带交接部，普洱市位于横断山系纵谷多金属成矿带南部，成矿条件优越，西双版纳州、玉溪市矿产资源较为丰富，种类较齐全。红河州已发现矿产资源49种、600余处，普洱市已发现矿产资源40多种、600余处，西双版纳州已发现矿产资源32种、266处，玉溪市已发现矿产资源40种、328处。红河州以锡为主的有色金属在全省、全国乃至世界上均占有重要的地位，以煤炭、优质锰为主的能源、黑色金属以及贵金属等矿业在全省具有较大的产业优势。普洱市已探明黄金储量占全省探明总储量的82%，铁矿储量占全省探明总储量的52%，江城钾盐矿是全国唯一的可溶固体钾盐矿，铁、镍、钾盐、钴、石棉等矿产资源储量居全省第一。西双版纳州稀有稀土、岩盐、铁矿产资源在全省占有重要地位，已探明的独居石3.9万吨，岩盐资源储量居全省之冠，磷钇矿资源储备2 984吨，是云南唯一的重稀土资源地。玉溪市铜、镍、钴、富铁矿、伴生金、蛇纹岩、石棉、长石资源储量位居全省第一位，铁矿资源储量位居第二位，磷矿资源储量位居第三位，安定镍矿床规模位列全国第三位。

墨江泗南江桫椤

生物资源种类繁多

思茅松

云南及周边地区是我国生物资源包括农业生物资源最为丰富的地区。由于地形地貌复杂，气候类型丰富，哈尼族地区特色生物资源极其丰富，是水稻、烤烟、蔬菜、花卉、林果、生物药材、畜禽、水产等多种农产品生产加工的理想基地，蕴藏着巨大的开发潜力和经济价值。红河州生物资源种类繁多，发育着较完整的热带山地植被类型垂直系列，迄今整理出种子植物229科1 530属5 667种，是云南及中国植物种类最为丰富的地区之一，其中乔灌木植物占全国总数的四分之一，已知的珍稀保护树种有116种。普洱市被誉为祖国西南的“绿海明珠”，有高等植物5 600多种，占云南的40%；属国家保护的珍稀植物58种，如被称为植物活化石的中华桫椤，直到1974年才在全国首次发现的龙血树群等；还有独有的思茅松，是兼作用材、采脂的速生树种，其松脂中β蒎烯含量居全国针叶树种之首；已知的药用植物达1 000多种，属国家重点普查的药用植物有302种，被我国中医药专家称之为“国内龙血树、石斛、豆腐果、灯台树等药用植物生长条件最好的地方”。西双版纳州复杂的地形地貌和气候的多样性，造就了丰富的生物资源，有高等植物5 000多种，列为国家一级保护的4种；有乔木树种750多种，有经济价值的用材树种200多种，竹类90多种，药用植物728种，香料植物100种，油料植物120多种，热带水果184种，是名副其实的“动植物王国”和“物种基因库”。玉溪野生植物有220多科3 000多种，其中药用植物达1 027种，园林花卉植物有61科300余种，野生食用菌类也十分丰富。

水力资源开发潜力较大

哈尼族地区水资源丰富，地势山高坡大，北南落差大，水电开发条件优越。红河州河流纵横，有红河、腾条江、李仙江、南

糯扎渡电站是澜沧江中下游河段第五级电站

盘江四大水系，水能理论蕴藏量在1万千瓦以上的河流有85条，形成了丰富的水能资源。全州水能理论蕴藏量达500万千瓦，可开发的水电装机容量在300万千瓦左右。近年来，红河州建成元阳南沙、马堵山，绿春土卡河、戈兰滩，金平那兰、金河等大中型水电站；2008年，全州中小型水电站158座，装机容量203.237万千瓦，发电量达54.37亿度。普洱是全国水电富能区之一，澜沧江、李仙江、怒江三大水系及100多条支流穿境而过，全市河流年径流量326.12亿立方米，占全省的14.7%；水能蕴藏量1 500万千瓦，位居全省第一。在澜沧江、李仙江、泗南江、阿墨江、威远江等流域规划建设15个大中型电站。目前已建、在建及拟建大中型水电站总装机容量1 000多万千瓦；总装机容量585万千瓦、年发电量239亿千瓦时的糯扎渡电站首批机组发电，普洱成为云南“西电东送”“云电外送”的重要基地之一。西双版纳州有澜沧江水系大小河流2 761条，其中较大河流有20多条，水能蕴藏量约529.23万千瓦，年发电量达463亿度，居全省第四位。有中小型电站80多座，总装机容量175万千瓦、年发电量78.58亿千瓦时的景洪电站已建成投产，装机容量15.5万千瓦、年发电量8.7亿千瓦的橄榄坝水电站正在建设。玉溪市有南盘江和红河两大水系，全市水能资源理论蕴藏量约237万千瓦，2010年，全市农村水电站投产、运营95座，设备装机容量47万多千瓦，设计年发电量达到20多亿度。

物产独特丰富

▲ 元阳坝达梯田景区

红河、普洱、西双版纳、玉溪等州市哈尼族聚居地区，为低纬度、中高海拔，是南亚热带山地湿润季风气候为主体的高原气候区域，光热资源充足，降雨量较为丰富。红河哈尼族彝族自治州热区面积0.75万平方公里，约占云南省热区总面积的十分之一；普洱市热区面积2.32万平方公里，占全省热区面积的28.6%；西双版纳州热区土地面积1.61万平方公里，占全省热区面积的21.44%；玉溪市热区面积3.045万平方公里，占全市土地总面积的20.2%。优越的自然条件，为农作物的生长创造了极好的环境，适宜于粮、棉、油、麻、桑、茶、胶、蔗、菜、烟、果、药等农作物生长。

农作物种类齐全

在种类齐全的农作物中，粮食作物以稻谷、玉米为主，还有薯类、豆类、荞麦类等；经济作物为茶、烤烟、甘蔗、蚕桑、生物药材、油料等；园艺作物则是温带、亚热带、热带水果，种类齐全；各类蔬菜上百种，十分丰富。

◀ 收获时节

水稻，在海拔1 000米至1 500米的半山区，适宜于种旱谷，有350多个旱谷品种。绿春县的疣粒野生稻是培育稻谷新品种的珍贵材料，金平镰刀谷是国内优质品种。

种植于山区和半山区的荞麦，是哈尼族主要粮食作物之一，也是外贸出口的重要杂粮。哈尼族地区的特色粮食作物还有高粱。

薯类作物有红薯、马铃薯、木薯、芭蕉芋；豆类作物有大

橡胶林

豆、蚕豆、豌豆、老黍豆、罗妈豆等，老黍豆可制作豆沙，罗妈豆嫩豆荚可做蔬菜，成熟后可入药；油料有花生、油菜、葵花子、芝麻等；水果主要有香蕉、菠萝、芒果、荔枝、龙眼、波罗蜜、番木瓜、酸角、葡萄、柑橘、椰子、石榴、桃、李、苹果、梨、山楂、柿、番石榴等。

生物产业优势凸显

哈尼族地区积极调整产业结构，积极发展生物产业。红河州以红烟、红酒、红药、红果为首的生物创新产业逐渐发展壮大。全州以灯盏花、龙胆草、金银花、龙血竭、大草乌、三七等为主的生物药业，以特色水果、茶叶、苦荞等有机食品产业为主的生物农业，以棕榈、八角、草果、核桃、橡胶等为特色的经济林产业，以精深加工为主的除虫菊、万寿菊生物农药化工，以薯类乙醇酒精加工为主的生物能源产业，以鲜切花、绿化苗木为主的花卉园艺等产业不断得到发展；生物产业原料基地面积近千万亩；生物产业龙头企业近百家，技术研发得到提升，为规模化生产及深加工奠定了基础。

桑园

普洱生物产业有茶、林、咖啡、烤烟、橡胶、蚕桑、生物药、渔牧业。近年来，主要亮出三张名片，即普洱茶、咖啡和石斛三宝。普洱茶，有146万亩生态茶园，2013年完成干毛茶总产量9万吨，实现总产值80亿元以上；咖啡，1988年开始产业化、规模化种植，现咖啡种植面积70万亩，投产面积27万亩，年产量5万吨左右，面积占全国咖啡种植面积的61.44%，产量占全国的58.6%；石斛，全世界约有1 000多种，我国约有76种，有近40种作药用，全市种植面积达10 000多亩，规模化、规范化种植取得成效。

西双版纳州突出发展橡胶、茶叶、甘蔗、香料、南药、热带水果等生物产业，全州橡胶种植面积430多万亩，开割220万亩，干胶产量30万吨；茶叶种植面积76万亩，采摘面积60万亩，干毛茶总产量3万多吨；甘蔗种植面积31万亩，产量98万吨，成品糖产量15万吨；水果种植面积35万亩，产量56万吨。

玉溪元江县充分发挥离昆明最近热区的优势，积极建设粮食、烤烟、花卉、畜牧、林果、热区生物六大产业。

蜚声国内外的名优特产

哈尼茶　云南是世界茶树的起源中心和原产地，悠久的种茶历史和得天独厚的自然条件，孕育了丰富的茶树种质资源，是世界茶组植物分类研究中所占比例种类最多、分布最广的地区。从茶种的分布区域看，滇南茶区包括红河哈尼族彝族自治州、普洱市、西双版纳傣族自治州和文山壮族自治州的21个县（区市），共分布4个茶系22个茶种2个变种，第11号茶种被命名为“哈尼茶”，是迄今为止唯一以民族命名的茶，以表彰哈尼族为代表的古代先民发现、驯化、培植、利用、推广茶叶的贡献。

普洱茶　是以普洱、西双版纳、临沧等地理标志产品保护范围内的云南大叶种晒青茶为原料，并在地理标志保护范围内采用特定的加工工艺制成，且有独特品质特征的茶叶。产品有散茶和紧茶两种，经杀青、揉捻、干燥、后熟等工序精制而成。散茶外形条索粗壮、重实、色泽褐红，紧茶是把经过蒸软或炒软后的散茶装入模具内压制成各种形状的茶叶。

知识链接　**宁洱哈尼族彝族自治县普洱茶制作技艺（贡茶制作技艺）**

2008年，经国务院批准列为第二批国家级非物质文化遗产名录。宁洱哈尼族彝族自治县普洱茶制作技艺，又称贡茶制作技艺，经过了千百年的实践而形成；其基本程式为祭祀茶神、原料采选、杀青揉晒、蒸压成型等工序制成各种成品茶，具有浓厚的历史文化内涵和独特的生产工艺，产品丰富，民俗性较强，为普洱茶品牌工艺的形成及茶产业的发展起到重要的推动作用，是世界茶文化宝库中的传统文化瑰宝。

玛玉茶　产于绿春玛玉村，茶的水浸出物、多酚类、儿茶素的总含量高，色艳、味浓、耐泡，被评为云南名茶，是中国昆明出口商品交易会指定产品，获全国公众信誉名优食品奖。

银针茶　产于墨江，细直如丝，毫尖显色如银，汤绿叶翠，清香可口。被评为省绿茶类优质产品，为云南六大名茶之一。

须立茶　产于墨江碧溪，其味清香醇厚，经泡耐饮，清朝时被列为贡品。

马邓茶　产于镇沅县马邓，茶水翠绿，色美味香，杯不上垢。

普洱小粒咖啡　浓而不苦、香而不烈，含油多、带有果味，具有风味独特、质量优异的特点，被许多国家赞誉为国际上质量最好的咖啡之一，被伦敦国际咖啡市场评为香醇第一的优质产品。外商购买后作为加香品掺入其他咖啡中，精制成速溶咖啡出售。宁洱、墨江、镇沅、江城等哈尼族聚居地区，具有独特的地理、气候优势，小粒咖啡种植发展很快，成为中国小粒咖啡重要生产基地。

思茅小粒咖啡

墨江紫米　属于籼型水稻类，米粒细长、饱满，糙米呈紫色，黏性强，蒸熟后能使断米复续，故称“接骨米”。《本草纲目》载：紫米有滋阴补肾、健脾暖肝、明目活血的作用，在民间有产妇用的“坐月子米”、贫血病人的“补血米”、美容养颜的“胭脂米”之称。

墨江紫米

哈尼梯田红米　哈尼梯田红米属于糙米，米粒细小、易脱粒，米饭香软、冷不回生，具有涨性较大、口感好、饭味足的特点，富含人体所需的18种氨基酸。元阳县种植的红米品种主要有大红谷、红小谷、红早谷。

窝尼（俀尼）猪 又称小耳朵猪、细骨猪、小香猪等，是我国优良的地方品种之一。主要产于西双版纳、普洱等滇南地区，由本土野猪驯化而来的纯原生本地品种，从东汉至今已有2 000多年历史。小耳朵猪被列入“国家级畜禽品种资源保护名录”和《中国畜禽品种志》《云南省家畜家禽品种志》，农业部第29号公告中将滇南小耳朵猪（版纳微型猪）列为国家二类保护品种。

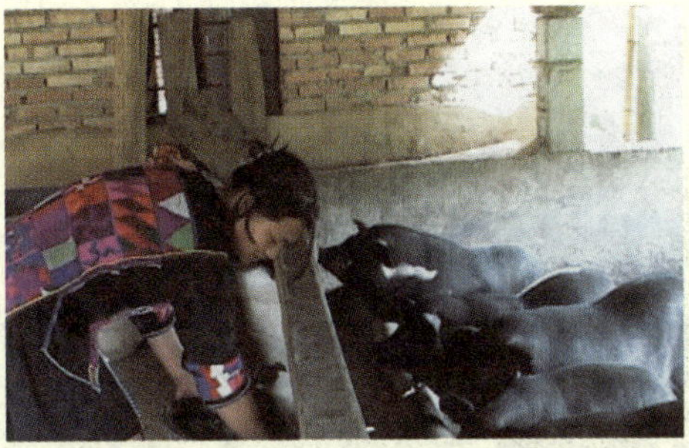

景洪哈尼族养殖小耳朵猪

红河棕片加工产品 棕片是棕榈树的叶勒纤维，具有拉力强、耐摩擦、弹性好、防寒防潮、透气暖和、防腐耐用等特点，可制作床垫、踏垫、滤网、刷具、扫帚、棕绳、棕绒等用具，是我国传统的出口商品。红河州是云南棕榈树的主要种植区和棕片加工基地，红河县种植优质山棕27万亩，现有棕丝纤维加工企业80多户，形成棕榈种植基地——棕纤维加工设备研发——采剥棕片（棕板）——棕丝初加工——棕丝纤维高档产品开发等产业链，2012年实现棕制品总产值4亿元。

第三章
促进和谐的重要贡献

哈尼族具有悠久的历史，是一个向心力很强、爱国情很浓的民族，在其形成和发展的历史长河中，与各民族一道，为促进民族团结，维护祖国统一，保卫西南边疆，建设和谐社会做出了重要的贡献。

努力建设和谐社会

哈尼族文化的核心是和平、和谐的理念。千百年来，哈尼族人民默默无闻地构建具有哈尼族特色的和谐社会，创建具有人类发展意义的和谐文化。

哈尼族以“和”为民族称号并奉为民族精神。哈尼族是由远古“和夷”部族在南迁过程中逐渐聚合不同部族、民族而形成的一个部族群体。“和”是哈尼族的先祖，是哈尼族最早的氏族称号。

知识链接 **哈尼族名称的由来** 民间警言说，人都是天神倭和的子女。传说《和牙》中说，和牙是天神倭和的儿子，是远古游牧时期最勇敢的英雄和自然的首领，在长期征战和放牧护畜的斗争中，积累了丰富的地理知识、天文知识及战斗经验，成为氏族崇拜的偶像和氏族的象征。和夷一名始见于成书于春秋战国之际的《尚书》。历史上，由于不同历史时期的迁居环境、民族交往、文化融合的不同情况，形成了众多的哈尼族自称、他称和史载名称。其中称哈尼、和尼、黑尼、阿尼、雅尼（阿卡、和泥）、卡多（嘎都、和泥）、豪尼（布都）的人数最多。这些称谓同史籍记载的和蛮、和泥、禾泥、窝泥、斡泥、俄（峨）尼、倭泥、阿泥、阿宁、哈尼、黑泥、罗缅（自称和泥）、糯比（自称和泥）等相同或相似，是略带有部族和地方音差的同一个词。表明各分支同属一个古老的民族“和夷”。从“和夷”开始的两千多年里，哈尼族始终有较为统一的名称“和人”。

人与人和谐

哈尼族是一个十分注重人与人和谐的民族。认为人都是平等的，应当互相尊重，以诚相待，公平相处，做到和善、和气、和睦、和平、和谐。古歌常常以“亲亲的一娘生的兄弟姐妹”开头，深刻地反映了人与人之间的和谐理念。哈尼族家庭、家族内部融洽和睦，尊老爱幼，蔚然成风；邻里关系也十分融洽，亲朋之间、邻里

尊老爱幼的传统

之间在婚丧嫁娶及栽秧、打谷、盖新房等活动时，互帮互助；村寨道路、沟渠坍塌或被荆棘遮挡，也是家家出工、人人出力。在哈尼山乡，见面都会相互打招呼，路遇也会礼让对方先走，对别人给以帮忙必定会说“谢谢”；有客路过屋外，不管认识不认识都要请进家里，客人进家时，先以烟、水相敬，再以美酒佳肴相待；对言语不通的其他民族客人，也会用对方的语言加上手势来交谈。

哈尼族长街宴

哈尼族强调人与人之间的和睦、和谐，不但指民族内部，而且包括与各民族的和睦、和谐。哈尼族与周边其他民族的关系非常友好。在哈尼族的传说、故事中，把各民族称为一娘生的亲兄弟，表达了与各民族友好相处的愿望。哈尼族地区各民族村寨相依相靠，梯田相连，沟渠相接，山路相通，交往不断；哈尼族传统节庆活动，各民族青年相互串寨，一起在磨秋场唱歌跳舞，打磨秋、荡秋千，加深了各民族群众的感情。哈尼人与其他民族结成终身情谊的很多，哈尼族家庭与其他民族家庭保持着长达数代人友谊关系的数不胜数，由多个民族成分组成的哈尼族家庭也比比皆是。

父子连名谱系

哈尼族内部人际关系和睦融洽，具有强烈的内聚力和向心力。哈尼族是一直沿用父子连名谱系的民族。无论哪里的哈尼

哈尼村寨

人，只要沿袭父子连名习俗都能准确找到共同的祖先。父子连名制维系民族内部关系，通过名字追踪血缘关系，依靠血缘关系稳固民族内部的和谐，增强凝聚力。20世纪80年代前，由于山水阻隔、交通不便以及行政区域管辖、活动范围局限等原因，造成不同地区哈尼族联系往来困难。20世纪80年代后，红河哈尼族到西双版纳寻亲，西双版纳哈尼族到红河、普洱、玉溪等地寻根，越南、老挝、缅甸、泰国的阿卡人到国内问祖。不同地区、分支哈尼族父子连名谱系说明，境内外哈尼族、阿卡人同祖同宗，血脉相连。

人与自然和谐

齐心协力
开垦梯田

哈尼族不但爱自己的同类——人，而且还爱整个大自然，体现了博大的胸怀和开阔的眼界。在哈尼人看来，人是自然界的一

部分，大山是美丽的家园，是自己民族不可分割的一部分；一切自然物都有灵魂，对山川树木、悬崖巨石、风雨雷电等自然物和自然现象都要顶礼膜拜。创建新村时，要在村落上方选择有茂密森林的小山作为护寨神栖息的山林作为“寨神林”，每年杀牲进行祭祀神林活动，以求寨神保佑风调雨顺、人畜兴旺、五谷丰登。这样的崇拜和保护，有效地保护了森林资源，对生物多样性的保护和珍稀濒危物种的形成做出了重要贡献。直至20世纪五六十年代，哈尼族地区到处都是遮天蔽日的原始森林。

哈尼族对森林、水与生存的关系有着深刻的认识。哈尼村寨上方都有茂密的森林，是水、木材、薪炭之源；森林里的清泉流经村寨，保证人畜用水，并将人畜粪便、生活垃圾、腐殖质等冲进梯田进行施肥；村寨四周种植棕榈、竹及梨、李、桃等果木；村寨下面是层层梯田，梯田的下面是江河沟壑，河底高温蒸发升腾的水蒸气在山顶形成云雾笼罩着森林，提供充足的水量，终年绵绵不断。哈尼人用刻木分水的办法，保证每块梯田都能得到充足的水量供给，并达到本民族之间，与其他各民族之间的平等相待。哈尼族地区呈现出的森林、村寨、梯田、江河等四要素同构的良性农业生态系统和独特的梯田文化景观，是中外任何梯田都无可比拟的。它所蕴含的人与人和睦相处、人与自然和谐发展的古老文化特征，正是21世纪人类所追求的一种精神。毫无疑问，这对建立和谐的公共秩序而言，对构建和谐社会而言，是一笔难得的宝贵的精神文化资源。

宽容、忍让、和谐是哈尼人的一种人生态度，也是一贯坚持的人生信条。陶国相的研究报告指出：哈尼人认为，各民族都是兄弟姐妹，理所应当地要互相爱护、互相尊重、互相帮忙，对同处一地的所有民族都尊称为大哥，对别人的缺点也十分容忍；在进入哀牢山区的千余年间，没有和其他民族发生过任何民族间的争斗和冲突。在哈尼族社会，相互交往总是谦逊有礼、老少尊卑不乱，充满着宽容豁达的融融气氛；对哈尼人来说，似乎没有什么事物不可以理解，即使犯了错误也要给以改正的机会。这样的人生态度，使哈尼族社会形成了良性、和谐的社会生态系统和公共秩序，哈尼族地区实现了长期平安、稳定的局面。

积极促进民族团结

哈尼族创世史诗《烟本霍本》中说，人类的共祖塔婆生下了72种人，即各族先祖，他们都是亲兄弟。史籍对哈尼族的记载，反映了与各民族团结奋进的史实。《尚书·禹贡》记："蔡蒙旅平，和夷底绩。"先民和夷等部族追随夏禹治水成功，夏禹上山旅祭以谢天，下山与各族人民共庆大功告成；和夷是当时人口较多的部族，是治水的重要力量。和蛮大首领王罗祁与其他民族首领一同向唐朝贡方物，说明和蛮首领与其他民族首领联系紧密，和蛮群众与各民族交往频繁。哈尼族古地名中有谷哈密查，反映哈尼人为向其他民族表示和平诚意，把武器埋于地下，故称为"谷哈密查"，即埋藏三尖叉的地方。

互助互学的民族关系

自古以来，哈尼族与各民族和平相处，相互交流学习。作为"藏彝走廊"迁徙流动的重要民族，在横断山脉与岷江、大渡河、雅鲁江、金沙江、澜沧江等江河交错的高山峡谷地带迁徙的漫长岁月里，与各民族和谐共居、和睦相处、文化交融。史诗中记述，先民向阿撮人学习了种竹和编织技术，把自己的酿酒技术

和谐美丽的哈尼新村腊梅坡

▲

梯田之绿

传给他们，在谷哈学到了冶炼技术。迁徙的过程，是哈尼族不断与其他民族交流的过程，是各民族文化交融发展的过程。

哈尼族主要分布的哀牢山、无量山，是多民族聚居区。各民族立体分布，居住在半山区的哈尼族，与同居半山区的彝族比邻而居，村寨相近，田地相连，在农业生产上相互协作，不分彼此；与高山森林区的苗、瑶、拉祜等民族及与低山河谷区的壮、傣、汉等民族优长互补、相互依存，建立了长期的友好关系。

哈尼族注重在梯田开垦、茶叶开发、种植管理中增强与各民族的团结。明洪武年间，红河吴蚌颇组织各族人民开垦梯田有功，被朝廷封为左能土司；元阳龙嘴开荒有功，明朝廷给冠带，管理地方。梯田生产中亲帮亲、邻帮邻，换工互助。水渠是梯田开垦耕作的重要设施，长达数公里乃至数十公里的水渠，靠全寨人、数寨人齐心协力开凿出来。在年复一年的梯田农耕中，哈尼

知识链接 **牛亲家** 以牛为媒介联系在一起的异族兄弟关系，通过互相协商，把公牛和母牛配对，共同管理使用。

族与其他民族之间的理解、团结得到不断加强。

随着内地市场和西北少数民族对普洱茶的需求量增大，普洱府管辖地区大量种植和压制普洱茶。上千年来，茶区哈尼、彝、拉祜、布朗等各民族因茶为邻，因茶结亲，形成了杂居共处的历史分布，也形成了团结和睦的优良传统。茶马古道把省内外各民族联系在一起，进入茶区的有藏、回、彝、白、纳西等民族马帮，茶区哈尼等民族把藏族同胞叫作“老友”，藏族人把茶区称为“甲拉”。普洱茶传入西方，西方人从茶开始认识中国，茶从哪里来？西方人把茶乡中国称为“甲拉”，即China。

长街宴

近年来，与梯田、茶叶等生产息息相关的长街宴等民俗活动，延伸拓展为具有较大影响力的节庆活动，并成为加强各民族团结的重要平台。2007年以来，哈尼族地区举办的普洱茶叶节、墨江哈尼太阳节、绿春十月年长街古宴、江城中老越三国丢包节、墨江国际双胞胎节等活动，被评为云南十大“民族狂欢节”。通过这些节庆活动的广泛参与和传播，哈尼族团结文明、健康向上的整体形象，在各族人民以及中外游客中鲜明生动地树立起来。

新中国参政议政

新中国成立后，“各民族一律平等”写入《宪法》，制定了《中华人民共和国民族区域自治法》，创造了“兄弟民族”这一新名词，为各民族的空前团结奠定了基础。20世纪50年代初，民族工作队到哈尼村寨宣传民族团结平等政策，说各民族都是兄弟；哈尼族群众体会到各民族无论大小，都是“血肉相连的亲兄弟”，便把哈尼语中的“兄弟”（僾尼）作为自己民族新的自称；格朗和、红河也先后成立了僾尼族自治区。这成为民族团结平等的佳话。

新中国成立初期，哈尼族上层积极发挥作用，促进民族团结。1950年夏，李和才出席全国政协会议，在学习《中国人民政治协商会议共同纲领》后，激动地说，共同纲领好！各民族一律平等，毛主席领导，我们哈尼族抬起头来了。1951年，李和才、李呈祥等上层人士作为蒙自专区民族访问团的领导、成员，到金平、元阳等地传达党中央、毛主席对各族人民的关怀，宣传党的民族平等、团结、互助的政策。通过宣传，各族群众认识到，民族压迫、民族歧视的时代已经过去，民族平等、民族团结、各民族共同保卫和建设祖国边疆的新时代已经来到。哈尼族的上层人士积极靠拢共产党，接受共产党的政策，踊跃到昆明、成都、北京等地参观，积极把子女送到民族院校学习。

1950年，思普地区民族工作的核心是消除民族隔阂、增强民族团结、发展生产、团结对敌、巩固国防。哈尼等民族代表通过赴京参加国庆观礼，加深了对民族团结政策的认识。1951年元旦，在今宁洱召开普洱专区第一届兄弟民族代表大会，出席会议的10多名哈尼族代表与各民族代表共48人，立下了具有划时代意义的普洱民族团结誓词碑，表示“从此我们一心一德，团结到底，在中国共产党的领导下，誓为建设平等、自由、幸福的大家庭而奋斗”。60多年来，哈尼族代表及广大哈尼族群众践行誓言，方有富老人还坚持在民族团结誓词碑下给各民族群众宣传民族政策，为促进和谐、融洽的民族关系发挥积极作用。

方有富在民族团结誓词碑前向学生宣传民族政策

哈尼族干部牢记毛泽东“国家的统一，人民的团结，国内各民族的团结，这是我们的事业必定要胜利的基本保证”的教导。哈尼族参与区域自治的州、县领导班子中，哈尼族干部担任主要领导时，尊重同志，发挥大家的作用；其他民族干部担任主要领导时，哈尼族干部支持配合，努力发挥自己的作用。哈尼族地区出现了各民族干部共同成长，各项事业蓬勃发展的可喜局面。西双版纳是哈尼族分布广、人口比例较高的地方，20世纪50年代初，曾有建立傣族哈尼族自治州的方案；哈尼族干部群众服从大局，支持成立傣族自治区州；哈尼族干部讲政治，积极工作，发挥作用，维护团结，先后担任州人大常委会主任的唐家寿、李勇，主持制定、修订了《西双版纳傣族自治州自治条例》。近些年来，一批哈尼族干部离开家乡到其他少数民族地区工作，但都能模范执行党的民族政策，身体力行地促进民族团结。

20世纪50年代以来，国家和地方政府在哈尼族地区进行橡胶、茶叶、咖啡、矿产、水电等产业开发。哈尼族干部群众始终积极支持开发建设农场、矿山、电站等，在不断发展中注意寻找既适应企业发展，又能带动地方经济建设，共同走向致富之路的途径，呈现了场（站）群友好、民族团结的良好局面。勐捧农场哈尼族职工占全场职工总数的43%，农场还帮扶周边哈尼族群众种植橡胶20多万亩，橡胶成为当地农村的经济支柱。

坚定维护祖国统一

哈尼族人民热爱自己的家园，热爱自己的祖国。在长期开发、建设和保卫祖国边疆的过程中，形成了牢不可破的爱国主义信念。

史诗传递爱国情

哈尼族的民间文艺作品，无一不表明对中华民族和国家的心理认同。许多史诗、传说描绘了一条祖先由北向南的迁徙路线，如《哈尼阿培聪坡坡》《哈尼祖先过江来》《普嘎纳嘎》《雅尼雅嘎赞嘎》《奥包密色》等，讲的是先民从诺玛阿美（努玛阿美、罗玛罗麦）平原，经过艰难跋涉，来到哀牢、无量山区的历史。越南、老挝、缅甸、泰国的哈尼族（阿卡人）也认为来自中国黄河、长江的源头地区。有些人认为，哈尼族先民和人部族形成于古南海西北面的山区。“虎尼虎那山”为今阿尼玛卿山南麓至巴颜喀拉山，阿尼玛卿山是以“阿尼”（和人、峨人）与“玛卿”（藏人部族）两个部族的名称命名的。“巴颜喀拉”意为富饶青（黑）色的山（蒙古语），“巴颜喀拉”与“虎尼虎那”语音接近，语义也一致；巴颜喀拉山位于黄河源头与通天河之间，是黄河与长江河源段的分水岭。哈尼族普遍有追思、崇尚北方和游牧生活的民俗事项及心理意向，在丧葬仪式中，摩批为死者吟诵送魂经（竹节），一直要送到祖先发祥地诺玛阿美。也有的哈尼族认为来自江西、江苏等地，强调与祖国内地及中华民族的渊源关系，表明哈尼族自古以来就是祖国大家庭的一员。

史籍记载的哈尼族与中央王朝

史籍记载表明，哈尼族是很早参与国家管理和归附中央集权政府的民族。和人的首领在以尧、舜、禹为帝时担任过很高职位。《尧典》记：“乃命羲、和，钦若昊天，历象日月星辰，敬授人时。”羲与和这两个人的工作职位，在当时中央政府中是仅次于执政的最高职位。两个职位的设立，起始于五帝时期的颛顼帝时，到尧帝时由羲、和两大部族的首领担任。隋唐时期，哈尼族与彝族的先民同被称为“乌蛮”。乌蛮的自称，源自古蜀和人部族乌木（哈尼语，意为“帝王”）；乌蛮人自认为是“乌木”仲牟由（搓莫耶、总嫫院）的后裔。这一时期，乌蛮归附中央集权政府的许多记载，包含哈尼族先民。唐代，哈尼族被称为“和泥”，从乌蛮中逐渐分化。656年，和蛮大首领王罗祁与朗、昆、梨、盘四州大首领王伽冲和西洱河大首领杨栋附显等，一同向唐皇朝贡方物。50多年后，唐朝宰相张九龄为唐玄宗所写《敕安南首领爨仁哲书》中所列衔名中，有和蛮大鬼主孟谷悮与安南首领归州刺史爨仁哲等9人并列，“虽在僻远，各有部落，俱属国家，并识王化”，说明孟谷悮已经是唐王朝的朝廷命官。

追求团结统一和共同发展，是哈尼族人民的愿望。哈尼族的统治者都以统一中华为己任，以国家统一为正常，以分裂为异常。唐代后，六诏山区和蛮部落多次向唐朝贡方物，与中原政治经济有密切联系。宋皇祐时，龙海基因向导宋将杨文广过境有功，受宋王朝令世领六诏山区，世代为滇东南最高领主。13世纪中叶，云南行省立阿万户府，辖今红河哈尼族彝族自治州大部、文山壮族自治州一带；龙海基九世龙健能担任阿万户府总管，并加强了与内地的联系。1381年，沐英平定云南，龙氏土司龙者宁归服；其后人龙上登守边有功，为维护祖国的统一，也日月可鉴。明崇祯六年（1633），阿迷土知州普名声的小老婆万氏，在普死后拥兵自重，诱说龙上登反叛朝廷，攻打昆明。龙上登说："数百年受国家厚恩，累代敌挡安南，恨无尺寸之功，何恶从逆，以遗万代骂名！"表达了一名边关儿女的拳拳报国之心。

积极学习汉文化

哈尼族对中华统一多民族国家形成发展的贡献，既表现为政治上明确归属、实现统一，军事上稳定疆域、巩固边防；也体现在文化交流、价值取向和习俗心理上相容认同，最终使哈尼族聚居的边疆地区成为祖国牢不可分的组成部分。元代，在西南少数民族地区开始建立土司制度。各地哈尼族首领被封赏为土司之后，便将目光投向璀璨的汉文化，并积极吸纳。毛佑全认为，具体表现在三方面：一是聘用汉族知识分子做土司衙门的师爷，哈尼族土司制度中汉文化色彩日益浓厚，连司署的房屋建筑风格、器物、军事装备、监狱、典章法规、办案大堂格局等，都按内地汉文化模式构建和设置；二是为消除自己与汉族官员的差异，表明自己的进步，土司纷纷启用汉姓，如李、罗、龙、钱、白、张、王等，平民百姓也仿效，汉族姓氏在哈尼族民间全面普及；三是为了改变因缺乏汉文化知识而饱尝其苦的被动局面，土司兴办汉文学校，从内地聘请汉族知识分子当教师，以期将子弟培养为承袭人才和地方官员。

维护新中国统一

新中国成立后，一批哈尼族上层人士担任地方政府领导工作，他们利用自己的威望和影响力，全力维护祖国统一。1951年8月，李和才、李呈祥担任蒙自专区民族访问团副团长，在访问边疆少数民族地区期间，积极宣传党的民族政策，争取民族上层人士。通过这次访问，边疆地区的社会秩序很快得到稳定。原准备逃到国外谋生的民族上层安定下来；原逃到边境线上，准备万不得已时逃到国外谋生的民族上层人士，纷纷回乡向人民政府投诚自新；逃匿到深山密林或内地城市的民族上层人士也先后回归故里，协助政府开展工作。当时的蒙自地委领导说："我们派多少工作队，开多少会，不如李和才、李呈祥走一趟、说句话，他们在边疆民族工作中有着我们无法取代的特殊作用。"

哈尼族历届全国和地方人大代表、政协委员积极维护祖国统一。1959年4月，李和才、李呈祥与出席全国人民代表大会和全国政协会议的云南省少数民族代表、委员共同发言，严正斥责了西藏反动集团的叛国行为，坚决拥护国务院关于解散原西藏地方政府和彻底平息叛乱的命令，支持西藏人民建设新西藏的斗争。表示国家的统一和各民族的团结，是各族人民彻底摆脱被奴役被压迫的命运、胜利前进的基本保证；强调我们国家是统一的多民族的国家，要维护本民族人民的利益，首先就要维护国家的统一和各民族的团结，这种统一和团结是各民族人民的最高利益，破坏了这种统一和团结，也就破坏了本民族人民的最高利益。

1980年11月，李和才在元江哈尼族彝族傣族自治县成立大会上讲道："新中国成立后，元江县各族人民在共产党和人民政府的领导下，各个方面都有了很大的发展和变化，老百姓一年比一年富。这是共产党领导得好，各民族是一家人，要互相学习，互相尊重，团结起来，把我们元江建设好！"李和才在江城哈尼族彝族自治县庆和墨江哈尼族自治县成立大会上都讲道："要跟着共产党，跟共产党不能三心二意，要坚持到底；要加强民族大团结，努力发展生产，让老百姓过好日子。"

英勇保卫西南边疆

哈尼族是我国西南边疆历史最为悠久的少数民族之一。哈尼族人民为开拓祖国疆域，保卫西南边疆做出了不可磨灭的贡献。

哈尼族先民历史分布

公元前2世纪，哈尼族先民已分布在泸江流域。王尔松认为，汉朝设益州郡，其在泸江流域的律高、毋棳、胜休、贲古4县（今通海、建水、开远、石屏、峨山、红河、元阳、蒙自、个旧一带），从西汉至唐初一直由同一部族集团（“和”部族）管辖。据《元史·地理志》等记载，唐南诏银生府所辖今景东、景谷、镇沅、宁洱、思茅、元江、红河、元阳、金平、绿春、江城以至越南、老挝边境近3万平方公里地带，总名“和泥”，是哈尼族居多数并占主要地位的地区。这一区域，也是现今哈尼族的重要分布地区。

明清时期抗击外国封建主

哈尼族人民深知自己对祖国所肩负的责任和义务，为保卫祖国边疆做出了贡献。明王朝在滇南国境线与外国封建主互有侵犯，外国封建主曾深入六诏山教化领地和哀牢纳更、溪处境，均被哈尼等各族人民击退。1381年，教化三部长官司龙者宁“以从征交趾，功加云南卫指挥使”；1606年，交趾侵犯五邦等地，土司龙上登联合安南土司出兵抵御，在阿雅大败敌军；1617年，交酋又派兵万余攻阿雅，龙上登以计御敌，杀敌都督1员，擒获者众，迫使交人议和，边境得以安宁。数百年间，龙氏祖辈为了维护边疆安宁，保卫祖国，前仆后继，浴血奋战；边关的一砖一石，都铭刻着哈尼等各族儿女对祖国的忠诚。

20世纪初抗法斗争

20世纪，法国以越南为基地侵略云南。红河哈尼族地区与越南为邻，一旦入侵就首当其冲。1919年，法国远征军侵入纳楼司管辖三勐的下猛和中勐的下半部，把中越界碑往北移动30多公里，土司普国泰以“驱逐法帝国主义，收复纳楼江山”为口号，调集300多人，在撮铺、牛嘎及李仙江南岸对法军展开战斗，三战三胜，打败法军。下猛与中勐下半部被法国远征军强占后，三勐各族群众公推上勐哈播头目李志为到开远州府请求保护地方百姓，李志为受命带领35名常备乡兵，哈尼族群众按户缴纳钱粮做军费，维持边境社会秩序和边疆稳定。

积极投身抗日战争

当祖国处在内忧外患的关头，哈尼族挺身而出，赴汤蹈火，在所不辞。抗日战争时期，哈尼人虽然地处西南，但在全面抗战的号召下，纷纷奔赴抗日前线，在英勇顽强、浴血奋战在抗日战场上的滇军中，有一批哈尼族子弟；台儿庄大战滇军夜袭队里有“神弩”之称哈尼汉子杨德林，用弩摸哨、用弩掩护断后；1937年，李和才到楚雄请求抗日，随同的400多名哈尼族青年走上了抗日战场。1941年，李和才又找到第一集团军第二路军指挥官张冲请求抗日，被任命为第二路军骡马运输大队长；回来后立即招兵买马，其人员平时分散回家生产，农闲时集中训练，一旦有令，就可集中起千人武装。

太平洋战争爆发后，日军相继占领越南、老挝、缅甸、泰国。云南省主席龙云组建了滇越边区抗日第一游击队，任命龙健乾为上校支队司令兼第一大队长，白日新、龙鹏程为副司令兼第二、三大队长。同年，滇军第一集团军总司令卢汉组建边疆联合抗日游击队，任命白日新为指挥官，任命各土司为大队长；1943年，卢汉又召集边疆十八土司到蒙自总部开会，宣布提升白日新为边疆联合抗日游击队司令。同年1月，一群日寇带领近百人的泰国军队，侵入西双版纳老帕、麻卖窖两寨，村里被日寇洗劫一空。曹着、党阿决心抵抗侵略者，保卫家园，保卫祖国。一次，日军要借道勐龙到车里。曹着、党阿得到有梭提供的情报，组织哈尼族群众埋伏，经过半个多小时激战，把日军一个加强营全部赶出国土。1944年，日军不断派飞机轰炸勐遮、勐混、勐海等地，并散布舆论说中国快要完蛋了，以此恐吓造成边境人心惶惶。车罗召集各勐哈尼族头人开会，宣布不听谣、不信谣、不传谣等“三不准”，号召大家支援抗日部队，为保卫国家出力；各勐哈尼族群众积极响应号召，纷纷出钱出粮，车罗组织马帮把钱粮运送给抗日部队，为把日泰联军赶出中国做出了贡献。

配合解放军保家卫国

1949年底，国民党残部逃窜滇南。哈尼等各族群众做好坚壁清野，使敌人所到之处找不到粮食。逃到墨江官厅的残部，受到解放军和哈尼族民兵的阻击，激战3个小时，俘获敌官兵1 100多人；逃到江城山神庙丫口的残部，受到基干队、民工团的阻击，哈尼族机枪手王嘎啦沉着机智勇敢，向冲上来的敌人猛烈射击。

一个时期，盘踞在境外的蒋残部经常窜扰边境村寨；哈尼族民兵和群众积极配合解放军保家卫国。景洪县勐宋的联防队员李老三协助解放军剿匪，俘虏残匪大队长1名。哈尼族民兵林子清、王罗肥、沙大、李正发、朱玉宝、卢有明、车戈、高万清等先后参加全国民兵代表大会，被授予全国民兵英雄称号。

牛体彩绘歌颂边境各民族新生活

新中国成立后参与的多次保家卫国战争

20世纪50年代初，一批哈尼青年参加志愿军赴朝参战。龙鹏腾先后击落美机7架，志愿军总部给以记功，朝鲜民主主义人民共和国授予抗美援朝奖章。高老寿等哈尼族战士把忠骨埋在了朝鲜。在援越抗法、援越抗美中，广大哈尼族干部群众抢修道路，运送物资；一大批哈尼族官兵走上前线，支援越南人民的抗法、抗美战争。1979年，哈尼族人民积极投身保卫家园的战斗。副连长山达带领尖

一级战斗英雄山达

刀排一马当先，英勇机智，被授予一级战斗英雄和全国新长征突击手称号，被选为中共十三大代表。杨依昌、白万林、李正发、白保斗、李沙娘、高和成、刘清华、王跃兴、陈山、马鲁斗、普正光等哈尼族战士、民兵英勇战斗，献出了年轻的生命。

为边疆安宁献身的公安战士

为维护边境地区的安宁，哈尼人民不惧危险，与犯罪分子做坚决的斗争。李福者、陶学峰、柯占军等哈尼族人民警察在抓捕犯罪嫌疑人、治爆缉枪工作和抓捕特大贩毒案罪犯战斗中牺牲，被追授为全国公安战线英模、革命烈士等称号。

全国公安战线一级英模柯占军

Y3

第四章 古朴淳厚的民俗风情

由于独特的地理风貌，特殊的气候状况，在长期的发展过程中，哈尼族形成了独特的民族风情和风俗习惯。同时，由于历史上交通闭塞、山川江河阻隔，造成哈尼族大聚居、小分散的分布特点，民族内部往来不便，形成了许多区域性的文化特征，民间饮食、服饰文化、民居建筑、人生礼仪、节庆风俗等既保留传统特色，又呈多样化发展趋向。

特色饮食

丰富的哈尼人家餐桌

独特的自然地理环境，成就了哈尼族特色饮食。哈尼族生活区域地跨亚热带与北温带，热带季风气候、亚热带季风气候与温带气候俱全，复杂多样的气候，再加上海拔高低悬殊，提供了多种多样的动植物资源。靠山吃山，就地取材，山野河沟是取之不尽的食材基地。一年四季，妇女无论上山砍柴、锄地，或下田栽秧、薅草，背箩里装满了随手采撷的可食的野菜野果，如甜菜、树头菜、野竹笋、香椿、羊奶菜、灰条菜、蕨菜、臭菜、水芹菜、苦麻细、木耳、树花、山菌等；男子劳动之余，从山里河里带回竹鼠、野兔、蜂蛹、鱼虾、黄鳝、泥鳅、螃蟹等野物，丰富了哈尼人家的餐桌，形成了别样的山乡饮食特色。

春谷

哈尼族村寨大多分布在大山的半山腰和溪谷旁，这里气候温和，雨量充沛，空气湿润，土地肥沃。植被繁茂的大山和良好的气候，适合于各种畜禽和农作物的生长，猪、牛、羊、鸡、鸭、鹅等，是哈尼族传统的养殖品种，"窝尼猪"早已记载在古代史籍。青菜、白菜、韭菜、萝卜、黄瓜、丰收瓜、南

市场上卖野菜的哈尼族妇女

瓜、冬瓜、土豆、黄豆、四季豆、豌豆、蚕豆、西红柿、苤菜、葱、姜、蒜、辣椒、甜竹笋、苦竹笋等是房前屋后菜园里的主要品种。古时，哈尼先民把野生茶驯化成食用的菜，又培植为饮用的茶；近些年，哈尼人还把甜菜、刺五加、苦凉菜等培植为家栽蔬菜，成为云南人餐桌上的新宠。

▲

月汪菜

在长期的社会、生活实践中，经过数代人传承和变异，形成了区别于其他民族的自己所特有的传统饮食。哈尼族是最早驯化野生稻的民族之一，很早就掌握水稻耕作技术，并具有悠久的以稻米为主食的饮食传统。这一生产技术和饮食习惯，一直延续、传承下来。所以，来到云南哀牢山区后，哈尼族从烧荒开地种山谷开始，初步解决食用稻米的需要，也逐步培植了适合当地种植的如镰刀谷、山羊谷、地谷等山谷品种。为了提高稻谷产量，满足人口增长带来的更大的稻米食用需求，坚忍不拔、富于创造精神的哈尼族，在不适合水稻种植的大山挖沟引水、开垦梯田，种植水稻。到唐代，哈尼梯田已经形成了较大规模。通过上千年的培植推广，哈尼族水稻种植品种十分丰富，在不同海拔地带种植的传统水稻品种多达数百种，仅元阳县便有黏性籼稻171种、粳

春粑粑

▼

摆长街宴去

稻25种，其中糯稻30余种。同时，在高寒冷凉山区的哈尼族，荞子、苞谷、土豆、薯类等也成为主食之一。

不同地区的饮食习惯

长街宴丰盛的菜品

漫长的迁徙历程中，不管到哪里，哈尼族与人为善，热情好客，与各民族交往密切。特别是热情邀请其他民族参加哈尼族的节庆活动，长街宴、团拢宴深受各民族欢迎；同时乐于参加其他民族的节庆活动，在交流和学习、借鉴各地、各民族饮食的基础上，逐步形成了本民族饮食的独特风味。哈尼族现今分布得较广，处于汉、彝、白、傣、拉祜等民族分布的中间地带，并有苗、瑶、回、壮、布朗等民族分布其间。随着改革开放和经济发展，居住在河谷平坝、城镇和交通沿线的哈尼人越来越多，与其他民族和国内外旅游者的交往增多。在广泛的交流过程中，进一步吸收与融合各地各民族的优秀饮食，逐步发展形成不同地区哈尼族新的饮食习惯和不同地方风味，丰富了哈尼族的饮食文化。山区哈尼人喜食粳米，河谷平坝的哈尼人爱吃糯食；地处高寒冷凉地区的哈尼族与彝、苗、瑶、拉祜等民族一样嗜辣，以达到祛寒除风湿的作用；地处山脚及河谷平坝的哈尼族，与傣、壮等民族相似喜酸，这与气候炎热、多雨有关。

饮食惯制

长街宴丰盛的菜品

由于所处的地理环境和到田地开展农活的距离不同，以及农忙农闲的不同季节，日常的饮食惯制也有一定变化。平时一日两餐，农忙时一日三餐；农忙期间的早晚两餐在家食用，午餐就用竹篾饭盒或竹筒将米饭、咸菜、干巴等带到劳动地点，用树叶盛饭、树枝当筷。集镇、坝子边和交通较为方便地区的哈尼族，平日就实行三餐制，上午九点左右吃一顿，下午两点左右以及晚上九点左右各吃一顿。由于农活繁重，哈尼人没有早点之说，不管两餐、三餐，都要按正餐食用。哈尼族的节日里，村寨要摆长街宴、团拢宴，全村人和周边各民族欢聚在一起，共庆节日。从各家各户汇聚而来的菜品十分丰盛，有黄饭、三色蛋、鱼雀、烤煮肉、腌肉、牛干巴、魔芋、鱼腥草、蘸水等数十种。

哈尼族的饮食民俗文化完整地体现了人类饮食民俗文化形成所经历的生食、熟食和烹饪三个阶段。

生食主要是凉拌。各种蔬菜瓜果和野菜野果，都可配于辣椒、姜、蒜、花椒、芫荽、薄荷等调料，做出风味独特的凉拌菜肴和零食。白旺是把新鲜猪血搅拌成血浆，混合煮熟的新鲜猪肉、肝，配上花椒、姜、蒜、辣椒、芫荽、胡椒、草果、花生米面、细盐等作料，拌均匀后用冷开水调和而成。肉材凉拌是哈尼饮食特色，如鸡脚、猪肝等煮熟后凉拌，鸡脚、鱼虾、螃蟹煮熟后舂碎后也可凉拌。

熟食中，哈尼烧烤在滇西南地区名气很大，各种肉材和蔬菜瓜果都能烤制出独特的美味。煮、炒是哈尼菜的主打。哈尼煮菜最有特色的，一是鱼、黄鳝、泥鳅、螺蛳等配与酸（腌）竹笋、酸木瓜、酸嘎哩洛果和生姜、辣椒、花椒、薄荷，叫渡；二是鲜肉、排骨等与多种蔬菜、瓜果煮汤，叫杂菜；三是骨头椮（腌制品）煮蔬菜、瓜果；四是哈尼蘸水，即哈尼煮菜里特别是鸡、肉等都配与特制的蘸水。

蒸、炖也是哈尼族饮食的重要特点，哈尼人家的木甑底下都会炖有肉和禽蛋等。为便于贮存和携带，哈尼人家里都要制作腊肉、干巴、香肠、干菜和腌菜、腌肉等，食用时可炸、烤或煮。以原生态菜品为基础，已提升和推出了一批哈尼族特色菜品，一些哈尼人在云南及省外部分城市开办了哈尼风味餐厅，云南地方风味餐馆中的哈尼特色菜也很受欢迎。

哈尼族菜肴

哈尼族的特色饮品

主要有酒、茶和保健饮料。哈尼酒以优质稻谷、苞谷、高粱、麦子、荞子等为原料，配以山泉水、哈尼土酒曲，用哈尼族传统酿造工艺精心酿制而成。哈尼族节日祭祀、婚丧喜事、亲朋相聚要喝酒，劳累、伤心也要喝酒，并形成了敬客酒、贺婚酒、祭鼓酒、长街宴酒、丧葬酒等内容丰富的酒文化。

哈尼族土锅煨酽茶

哈尼族是世界上最先种植茶叶的民族之一，种茶饮茶有深厚的文化根源。每年初春举行的全寨性祭祀活动中有对茶树的祭拜，仪式后方可进茶园采茶，一般采摘的是上等精茶。制茶有独特方法，泡出的茶水鲜绿透澈，清香四溢，耐泡耐渴。饮茶方式，有以土锅煨煮酽茶饮用的煨酽茶，有以精茶为原料在土锅煨煮三五分钟后待客的土锅茶，有以山里劳动时用青竹筒在火塘架上烧煮的青竹茶。哈尼族还有把乔木茶树老茶叶，经手工杀青、炒制、日光曝晒而成的帕卡茶，素为哈尼人的养生茶。

三亚哈尼人家哈尼茶室

哈尼族根据季节、气候变化等，饮用消炎解毒降暑的保健饮料，常用的有扫把茶（野香苏），用于疏风解表、利湿，以防治感冒、头痛、消化不良、急性胃肠炎和痢疾。

传统服饰

服饰变迁史

哈尼族的服饰，经历过以野草、树皮为服的原始服装阶段。这从墨江哈尼太阳节哈尼族男青年头裹树叶、下穿草裙的表演，红河奕车人“仰阿娜”节舞蹈中男青年头裹棕皮、下穿草裙的装束，以及哈尼族特有的树皮衣遗存可见一斑。作为古蜀国和人的

白宏妇女服饰 ▶

后裔，哈尼族服饰传承了古蜀人服饰的部分特征。三星堆青铜大立人像的头饰与哈尼族男子的头饰相似；佩戴在哈尼妇女胸前的银饰牌，无论从大小或图案，与三星堆遗址出土的青铜太阳鸟图案十分相似。西摩洛姑娘身穿的无领无袖、前当胸后当背的服装，起源于魏晋南北朝时流行的两当甲。

哈尼族先民的迁徙历史，反映在哈尼族传统服饰上。据奕车人口传，祖先从轰昂（今昆明）突围成功，突围中妇女穿着的短衣短裤以及佩戴的打不死花银片沿袭至今。碧约妇女服饰中的长衣上的图案，描述了哈尼族上千年来悲壮的迁徙历史，漫长的迁徙路途，充满了艰苦的征战，付出了血泪代价，但也有幸福安乐的时光。

历史上，统治阶级的服饰改制，推动了哈尼族服饰文化的变化。元朝将胡服作为治国之经，明朝重兴唐时之冠，强制性改革对哈尼族服饰产生了深远的影响。哈尼族头人及里长、招坝和眷属效仿制作、穿

红河哈尼姑娘服饰 ▼

戴，衫、裤、袍、背子、坎肩、马甲等成为常服；为适应山地劳作，也吸收了一些短衣窄袖、半臂无领直襟、襞开四逢而扣合的简易服装，汉服成为哈尼族及西南少数民族追求的时尚。清朝推行“剃发留辫”，经数年抵制无果，逐步被哈尼族等少数民族所接受。

女性服饰异彩纷呈

历史上各民族的交流融合，促进了哈尼族服饰文化多样化发展。哈尼族服饰自成一体，崇尚黑色，从日常生活装、节日盛装乃至丧服、婚礼装都以黑色为主，服饰保留传统特征较为完整。由于山岭江河阻隔，哈尼族形成大聚居、小分散的分布；明清后，大批汉族流官、农民进入哈尼族地区，藏、彝、白、纳西等民族马帮通过茶马古道从哈尼族茶区驮运普洱茶到各地；在与各民族文化交流中，哈尼族不断吸取对本民族有用的其他民族服饰精华，其他民族的部分服饰元素被借鉴到哈尼族服饰之中，形成了区域性的服饰特征，服饰款式逐渐增多。哈尼族妇女服饰异彩纷呈，大量采用挑花等各种工艺，两襟、袖口和裤脚镶彩色花边，头饰繁复，采用银片、银币、银泡和海贝等作装饰，充分体现本民族特色。

就服装款式造型而言，哈尼族女性服饰可分为六类：

糯美服饰

长衣长裤型　穿着这类服装的主要有哈尼、多尼、糯比（罗比）、切弟等支系。如糯比妇女上身穿长袖斜襟右衽开衩服装，一般2到4层合在一起，衣服没有纽扣，用带子在腋下系牢，衣服外再穿一件坎肩；下身穿素色的长度至脚踝的扭裆长裤。

长衣长裙型　穿着这类服装的主要有碧约、堕塔、卡多、阿木（阿松）等支系。如卡多妇女的上衣长度到臀下，内穿长袖衬衣，外衣亦为长袖靛青蓝布右衽衣，衽襟、衣袖都绣有花纹图案，再沿边镶嵌银珠、银泡；

下身是及脚踝的长裙，靠一条天蓝色的宽腰带系上，腰带两端绣有精美的图案，垂在身后像长长的尾巴；腰部要系上绣制精美的围腰。如碧约妇女上衣穿靛青色或白色镶花边的右衽长袖衣，以银币为纽扣，有的身穿紧身白布套衣，外穿短袖右衽衣，腰前系一块色彩鲜艳的刺绣围腰，一直拖坠至小腿，末端还缀有四条缨子；下身是及脚踝的长裙，黑色为主色，缀有银饰。如阿木妇女上衣为靛青、蓝色右开襟布纽服，衣袖长及手腕；从左上肩斜向右腋角再延至右腰间，有一条刺绣沿衽襟镶嵌，呈开放式的水平V形；围腰长及脚踝处，分四个层次，有三个层次的刺绣，第四个层次是黑线绒作花穗装饰。下身着黑色百褶裙。

豪尼妇女服饰

长衣短裙（裤）型 穿着这类服装的主要有豪尼、俄尼（西摩洛）、卡别等支系。如豪尼妇女上着靛青色右衽长衣，以银币为纽扣，上衣多数宽大松散，所以腰间紧束彩带，通常别着一块长方形的刺绣布块，遮盖下半身及膝盖；下着齐膝半短裤，膝盖以下小腿紧束靛青色或蓝色绊腿、布套。如西摩洛妇女上着黑色右衽襟服，长至膝盖，没有纽扣，胸前右侧和右肩腋直至右衣脚，镶嵌组成几何形的银泡，脖颈上常戴着一只大大的银项圈；腰间紧束一条宽阔的刺绣腰带；下身穿齐膝短裙，有腿套护腿。如卡别妇女上衣穿右衽斜对襟长袖服，脖颈至两肩的领上绣有锯齿状的图纹，左上肩至右腋下直至右腰间的刺绣都为锯齿状的图纹，比较简洁；围腰为黑色，少有刺绣，长及脚踝处，缀有线穗；下身着过膝半短裤，套有腿带，绣上丝线花纹。

短衣长裤型 穿着这类服装的主要有罗美、腊咪、切弟（果觉）等支系。如腊米妇女上衣一般为两件装，内装为长袖衣，袖沿刺有纹样丰富的刺绣，外衣为由左肩向右衽斜襟的马夹，沿口有刺绣，有多排用银泡镶缀成宝塔似的三角形纹案，与两肩至腋下的银泡镶缀相吻合；背后从腰部垂下一块布帕，及至膝

腊咪妇女服饰

腕；裤子为黑色直筒裤，裤口有刺绣作装饰。如切弟妇女上身穿靛青色无领右衽紧身衣，袖口缀有刺绣图案，从正胸部向右衽襟再延伸至衣脚，钉有一排银泡组成的三角形塔式纹案，平行缀有银纽扣币一排，平行之间又用银泡相连；下身穿靛青色长大裤，裤沿口绣有红、绿丝线花边。

短衣短裤型　穿着这类服装的主要有白宏、奕车等支系。如奕车女子的外衣为藏青色对襟正摆短衣，无领圆口、袖长及肘而宽；衬衣无领、剪口，下摆圆如龟状，胸前左右两侧的斜襟交叉成剪口状；由于没有胸衣。少女的右胸却是半袒露的；内衣是贴身对襟内褂，无扣圆领口；奕车女子下身穿紧身贴体超短裤，以现出丰满的臀部原形为美。如白宏妇女上衣穿对襟或右衽紧身靛青色齐腰短衣，通常露出肚脐，贴身穿一件短衬衣，外披银币做纽扣的靛青布衣裳，把饰物显露出来；下身多穿翻褶短裤，裤长不过膝盖，裤口处多绣有彩图，小腿套脚套；婚嫁后的白宏妇女都用靛青布制成一块百褶绣花长帕，遮盖腰下臀部，以此表示对长辈的尊敬，也是区分是否婚嫁的标志。

▲

僾尼女孩儿

短衣短裙型　这类服装主要流行于西双版纳、澜沧、孟连的僾尼（雅尼、阿卡）支系。服装主要以自织的黑色土布为面料，上衣由长袖无领对襟上衣和胸衣两部分组成，衣服下摆长及臀

◀ 哈尼族阿卡人服饰

部。上衣无扣，穿着是两襟敞开，因此里面必须配套穿胸衣。衣袖用红、白、黄、绿等彩色布条镶拼而成，上衣用红、白、黄、绿等彩色丝线绣上挑花图案，与袖子的色彩相互辉映、相映成趣。爱尼妇女特别重视对胸衣的装饰，一般用红、蓝、黄等色布料拼接制作，盛装时，除用针线绣制各种图案花纹外，还要配上银泡、银牌、银链等多种装饰品；下身配以长度不过膝百褶短裙；小腿绣制精美的护脚套，与短衣短裙相配，形成一个和谐的整体。

传统民居

哈尼村寨一般为三四十户，小的则数户，多至数百户。以大村小村相互交错，相隔一二里或三五里路程为其村落分布特点，并以山路和田间、林中小道相通连，呈现星罗棋布的村落格局。村寨上方是茂密的原始森林，寨后是郁郁葱葱的古树丛林，森林常年流下来的溪水，为村寨人畜饮水和梯田灌溉提供了可靠保障。村寨周围绿竹青翠，间以棕、桃、梨、李、柿、核桃、蓝靛等果木，房前屋后开辟为菜园；村寨两侧和整个下半山布满层层梯田，一直延伸到河谷底。

哈尼族一般选择在半山向阳、开阔的山梁上创建村落。寨址要请贝玛（哈尼族文化传承人，身兼宗教祭祀者、医生等）选

群山间安宁、美丽的哈尼族卡多人寨子孟弄

村寨

▲

哈尼村寨

择，选址要看周围的山势走向，必须具备茂密的森林、充足的水源、适合种植水稻的土壤、可满足人口增长需要的土地等条件。能否建寨，还要试播种子，让母鸡抱窝，待种子发芽、小鸡鸣叫，确定是适宜生产生活的好地才能建寨。建寨之初，要先在村寨上方的神林选定树形完整、长势良好的大树为寨神树；要找好寨心，并燃烧起一堆大火，各家盖好住房后从这个火塘里取回火种，其火塘石成为村寨的中心；要修水井、寨门，建盖公房、碓房，竖磨秋桩等哈尼村寨不可缺少的公共设施和氏族标志物；村寨寨门也叫龙巴门，分正门和左右侧门，上挂木刀等驱邪逐魔的器物。

哈尼族民居，传承性较强，不同地区哈尼族民居，建筑风格样式有变化，但结构、功能、用途基本一致。从建筑形式来看，不同地区哈尼族民居有不同的特点，如蘑菇房、土掌房、干栏式房、合院式民居等；从建筑材料来看，哈尼族民居有茅草房、土掌房、瓦房、混凝土房等多种类型。

蘑菇房

状如蘑菇，是哈尼人受到蚂蚁、小虫在蘑菇下躲风避雨的启发建盖的。主要是红河、元阳、绿春、金平等地哈尼族的民居样式，在我国各民族民居文化中独树一帜。多为土墙草顶楼房，为了防潮，地基由土石修建，地下地上各有半米；在其上用夹板将土夯实一段段上移垒成墙，或土基砌墙，以木构架承重，草顶支架由大竹构成，最后屋顶用多重茅草遮盖成四斜面，颇具特色，并有利于雨水快速滑落，隔热保温，冬暖夏凉。内部分为二格，二楼一底，底层关养牲畜放农具，二楼住人，三楼堆放粮食及杂物。二楼内部通常由正房、前廊（相当于正房前厅）和耳房组成，前廊与正房前墙相接，耳房与正房一（两）侧相连；前廊与耳房顶部均为坚实的泥土平台，它既可休憩纳凉又可晾晒收割的农作物。经长期的发展与改进，现在的蘑菇房既有传统特色又日臻完善，建筑材料使用红砖、水泥，内部结构也更合理。

蘑菇房

土掌房

也叫平顶房，顾名思义其建筑材料是以土为主，居住土掌房的主要是墨江、元江、宁洱、峨山、易门等地的豪尼、白宏、卡多等支系。土掌房依山坡而建，村寨里的房屋鳞次栉比，左邻右舍可通过屋顶相互串门。房屋的材料主要是土，土地面、土墙体、土屋顶，建筑用土就地取材，不破坏生态；木料仅用来做支撑屋面的檩条和构造柱。土掌房平面采用合院式布置，横向三开间，上下两层；房内呈“品”字形的一层结构体，一般由

土掌房

正房、廊厦、厢房和畜厩组成，正房中央内里为客厅，设有供桌和饭桌，也在此进行纺织、酿酒等生产活动，摆有织机、染缸、酒坛等；东北方一间由长辈或男主人居住，设有祭祖处，西面一间晚辈居住；廊厦与厢房上是泥土平台，供作阳台农作物晾晒的晒场，又作纳凉休息。每户有专门的火塘，全家在此取暖、议事、聊天、接待来客，火塘的多余热能用来烘干农产品，所产生的烟可熏死害虫，以保护木柱木梁不遭蛀食。

干栏式房

哈尼语叫“拥戈”，是千脚干栏式建筑的一种。由于西双版纳哈尼族居住在多雨潮湿的低山、坝子边缘地区，民居建筑结构采取干栏式样式。拥戈分为母房、子房，竹木结构，屋面用人字木构架，过去房顶用茅草、竹片铺盖，现改为盖瓦片。母房是父母居住的房子，通常以28~40棵主柱、副柱拦腰凿通穿斗而成，分三层。底层四周设有竹木栅栏，以关养畜禽，安放舂米的脚碓和堆放杂物。中层楼室供一家人用餐、待客等，室内以木板或竹片隔为男室、女室，是男女主人的卧室，两室各有楼梯和出入的门；男室和女室都设有火塘，男室火塘多用于照明取暖、煨茶、接待来访男客，女室火塘兼作厨房。上层储存粮食等物。母房旁建有子房，供成年男孩单独居住，是儿子谈情说爱和结婚后居住的房屋；有条件分家立户后建盖自己的干栏式楼房，或父亲死后，长子迁入母房内履行家长职责。

西双版纳哈尼族村寨——卫东寨

合院式民居

是滇中与汉族杂居地区、茶马古道沿线地区、河谷平坝地区哈尼族的民居建筑。历史上，是土司、官人家的建筑，改革开放后富裕起来的哈尼人家，也建盖合院式建筑。一般由正房、厢房、厅房等基本元素构成，正房系合院院落内的主体建筑，其面宽多为三开间，正房的明间作为堂屋，是家庭议事和进行重要活动的核心空间，正房两侧次间为卧房，厢房则建于正房前两侧，厅房与正房相对而设，有平房和楼房。哈尼族典型的合院式民居，如李和才故居，由一组土木、砖木结构和中西式建筑组成，家庙、厨房和住房等附属房屋，共7幢房屋，现存6幢；其家庙由前殿、正殿和左右厢房组成的四合五天井院落。另如元阳猛弄白氏司署建筑，第一组台阶上是大门，两侧是角楼；第二组台阶两边是兵头房、老总房；第三组台阶左右楼房分为上下两层；第四组台阶是大院，正房三间，楼下正堂屋供奉土司历代牌位，正屋两侧和左右厢房楼是卧室；正房左右两座小楼，有天井、会客室、走廊、花厅等。

▲

合院式建筑——元阳猛弄白氏司署

人生礼仪

婚姻风俗

哈尼族青年男女的恋爱，开始于节庆活动中在秋场或村外小树林集体歌舞活动，遇到心仪的对象，就通过对情歌等表达爱慕之情，并相互赠送一些手帕、荷包之类的物品。阿卡男青年看上了某女孩儿，会先送一束红色或黄色的鲜花给她，以试探对方的态度；女孩儿还没有朋友，就送回单数的花朵，表示可以相互了解，若有了朋友或不喜欢男方，就送回双数，以示谢绝。卡多青

新人相会

年男女在频繁约会后，双方情深意笃时，双方到竹林深处，弹响篾倾诉对对方的爱恋，并送定情物，男方送背箩背带，姑娘送自制的精美衣服、汗帕、裤带等。

相互情投意合的，男方家长便会委托媒人前往女方家说亲；合八字是提亲中古老的规矩之一，青年男女要上报双方的生辰年、月、日、时，双方父母以此推算男女双方在八字上是否合婚；男女双方家长同意婚事后，便开始商议婚姻相关事宜，请摩批（祭师）打卦确定婚礼时间。婚礼前，女方要赶做嫁妆，母亲要耳提面命教女儿一些夫妻间的礼仪以及与丈夫、公婆相处之道等；在举行婚礼前一天，要举行告别宴。新娘和女伴聚集于一处，一边吃饭一边聊天，怀念做姑娘时候的那些无忧无虑的生活，特别是新娘要表现出无限感伤，女伴们要一边安慰一边告诉新娘到婆家后的规矩，也劝告新娘结婚后的种种好处，并说些祝福的话。

接亲的时候，男女双方都是单数，合起来人数就凑成了双数，礼钱也要凑成双数，通常新娘由哥哥背着，送妹妹出嫁；而在送嫁之前，新娘会躲在她以前的情人家中或村中其他人家，新娘只告诉大嫂躲藏的位置，这就是哈尼人的“找新娘”习俗。新娘在出嫁时，村里人往往用豆渣击打媒人，用黑锅灰涂媒婆，意为怨其夺走了村中的新娘，同时用锅灰涂抹新郎。卡多人的婚俗里，在接亲日子到来前，新娘家会先在寨子里搭一个青棚，新娘要好的女伴，要采来的橄榄用竹箩装好，放在青棚里备用；当接亲的队伍到村口或走近青棚时，新娘一方要嬉笑着朝新郎及接亲队伍抛打新鲜的橄榄，为新郎保驾护航的小伙子们，用事先准备好的雨伞、篾帽挡住新郎。阿卡等支系也有打干牛粪、粑粑等风俗，这样的风俗，一方面是抢婚遗存，另一方面是让新郎先吃点苦头，有先苦后甜的意义。

祝福新人

▲

哈尼族卡多人迎亲打橄榄

婚礼当天，村里的摩批及同宗族的男性长辈，要在酒宴上吟唱送嫁歌。梳妆打扮的新娘听到歌声，会泪流不止，帮她梳妆的婶婶和女伴们的安慰，却使她愈发留恋愈发忧伤，泪流满面的新娘被搀到酒席上的众人面前道别。姑娘的母亲要把一个装满新衣的精巧别致的花篾箩挎在姑娘的肩头。在众女伴的簇拥下，新娘边哭边吟唱忧伤的哭嫁歌，一步一顿离开娘家门，一直哭到走出“寨门”为止。新娘的哭嫁，一部分出于对娘家亲人、对平日伙伴的眷恋惜别的忧伤，一部分却是必须履行的一种古规。

新娘到新郎家之前，要举行一个摩批主持的“驱邪除祟”仪式，内容是由摩批念诵咒语，新郎新娘交换鸡鸭，此举意为请摩批消除夫妻间的障碍。当天晚上的宴席一般比较热闹，新郎新娘要宴请送亲队伍及宾客。除了几项必要的仪式性活动之外，新娘由伴娘等陪同待在新房中。新郎村中的小伙子在这天晚上回来闹洞房，直到深夜。往往这天晚上新娘由伴娘陪同度过，新郎新娘并不同房。第二天早上，新娘一般要早早起床，在家中扫地担水，以显示其勤劳。此外还要象征性地行耕作礼，主要是打鱼和砍柴。第三天便是新娘回门。新郎家准备一些礼品让新娘带回

幸福新人

家，礼品要分一些给其他村民，礼品包括一些糯米饭和鸡蛋以及酒。回门礼行过之后，新娘和新郎才可以同房。

新婚之后，新娘并不住在婆家，而是常住娘家或娘家婆家两头住，直到怀孕快要生产时才住在婆家。在今天的哈尼村寨中，“长住娘家”的民俗已较少见。婚后第一个赶集的日子，新娘新郎要去赶集，一般由婆婆准备好糯米饭，新娘新郎一起去赶集，他们的任务是要尽快把糯米饭卖掉，买的人越多越好，这就是新娘新郎“卖糯米饭”的习俗。至此，整个哈尼人的婚礼才算结束。

诞辰仪式

哈尼族以接生、报喜、贺生、命名以及周岁礼等仪式来完成其诞生礼。婴儿降生后，要做糯米饭团让全村人取食；若是男孩儿，由其堂兄在地面挖三下，表示长大会耕田种地；女孩儿则由堂姐在屋外树上砍三刀，祝愿长大后善砍柴割草。在诞辰仪式中，命名仪式至关重要。一般在出生后的第三天或第五天，请舅舅等长辈按父子连名制取正名，并由一个小孩在院子里模拟表演挖田、砍柴等农事劳动动作；父子连名是哈尼族最重要的命名方式，新生儿正名必须与父亲的正名顶真相连，取父亲名字的末一个字（词）作为婴儿名字的头一个字（词），通过父亲、祖父、曾祖父等历代祖先的名字逐渐上溯，最终可以与万物的始祖连接起来，以得到天神阿波摩咪和祖先的双重庇护。

穿上新衣的哈尼娃娃

一些地方的哈尼族，还有搭桥取名、拦路请干爹等取名方式。如生了女儿，要在村外道路小溪上，用木头搭座小桥，取一个与桥有关的名字，方便了人畜来往，还表达了以桥引来男孩的

愿望，以后每年新年都要去修桥修路。取过名的孩子，父母也会择吉日到通往本村的路口，杀好鸡等待，求路过的第一个人当孩子的干爹，给孩子取一个吉利的名字。

哈尼母亲和孩子

丧葬习俗

葬礼是哈尼族村寨的公共事务，有一系列的仪式。当年长者临终时，众孝子女必须守候在身边。跪在床前的孝子要对死者的衣袖口吹一口气或用左手拂过老人的嘴边，表示把气接过来，通过仪式，死者的气息和血脉在子孙身上延续。咽气，守候在旁的男性后辈，要用火药枪对天空连鸣三响，向天神阿波摩咪报告并请求帮助、导引死者的精神实体返回祖居地；同时告知同族同宗的兄弟姐妹，向全村通报死者死讯。一获悉村中有人辞世，村民便全身心地投入到葬礼中来，村寨里要组成中老年人参加的治丧指挥小组，妇女们为死者哭丧、唱挽歌；男子赶赴其他村寨报丧、到山上砍棺柩、购买丧牛羊等牺牲、宰杀牺牲、挑水烹饪以及迎接其他村寨赴丧的宾客等；赴丧宾客的食宿由各家各户共同

守灵

负担，其他村民还以谷、米、钱等支援丧家。丧葬仪式中，斯批（最高等级的祭师）作为后世子孙的代言人，要为死者开路（指路），将哈尼族的历史背诵一遍，从哈尼族最早居住地诺玛阿美到哈尼族迁徙路程再到死者家现居住地；要背诵人的出生、成长、恋爱、成家、劳动、衰老、生病、死亡的自然流程，背诵父子连名的家谱。

知识链接 **哈尼族老人葬礼** 生死达观的哈尼人，把葬礼特别是老人的葬礼，办成全村的一次盛大节日。在为老人举行的"莫搓搓"葬礼中要为死去的老者跳丧舞，大家边歌边跳，围着灵柩跳丧；第二天，要在丧家的房屋前吹拉弹唱，跳起丧舞，劝慰死者家属死要勇敢乐观地面对自然生存环境，同时表达哈尼人祈求人丁兴旺的美好愿望。丧期，村民们同餐共饮，气氛热烈；青年男女打情骂俏、眉目传情、谈情说爱；有的丧家在村里坪场或空地上燃起篝火，众人围成圆圈，一人领唱，大家附和；敲锣打鼓，欢歌纵舞，通宵达旦。把哈尼人对死不可怕、生更可贵的人生态度表现得酣畅淋漓，也把哈尼人对生的热爱推向高潮。

节庆习俗

哈尼族节日繁多，一年中有许多大大小小的节日，每一季几乎都有着不同的节日。

十月年

哈尼语扎勒特、禾色扎、嘎汤帕等，是哈尼族最重大的年节。在哈尼历法中农历十月为岁首。红河南岸哈尼族从农历十月第一个属龙日起过节，至属猴日止，历时5~6天；由于气候环境变化，普洱等地哈尼族过节时间后移，一般安排在公历12月下旬，西双版纳傣族自治州人大将过节时间统一为公历1月2日至4日。此时节五谷已归仓，哈尼人欢庆丰收，感恩大自然一年来赋予的风调雨顺、人畜平安，祈求诸神和祖先保佑来年顺利。属兔日，妇女要打扫卫生、舂糯米粑粑和磨汤圆面；属龙日，全寨要在磨秋场共同杀一头猪，并按户平均分配；妇女们要到水井里用竹筒背新水回家，用新水烹制汤圆；各户以茶、酒、猪肉、鸡

十月年
春粑粑

肉、汤圆祭祖；祭毕，全家人围桌吃饭，以示新的一年全家团圆和睦。十月年后期，要连续三天举行街心宴（长街宴），分组分户准备菜肴，桌数逐日增加，表示人丁、五谷、六畜逐渐增多的寓意。开宴前，要先给锣鼓敬酒、献菜，再给寨子里的女性长者敬酒；妇女们动筷后，男人们才能举筷拿杯。晚上，烧起一堆堆篝火，敲起牛皮鼓、铓锣，弹起三弦、四弦，吹起树叶、竹笛，围着篝火，踏着鼓点翩翩起舞。节日期间，大家都相互走亲访友、赶场集会；年轻男女在村外平坦的草坪对歌、摔跤、游戏，谈情说爱。

六月年

哈尼语矻扎扎、耶库扎、惹苦扎等，是哈尼族重要的节日。一般在农历六月举行，主要是春耕栽插结束后预祝稻谷丰收，并作休息调整、进行社交娱乐的节日。“六月年”日期由祭司选定，节期三到五天，以祭天神和谷神为主要内容。节日的第一天凌晨，要清洗自己村寨的水井，祭祀后，各家各户要来取新水。六月年的典型活动是撵磨秋，要从山上砍回一棵笔直的松树或栗树，用它在磨秋场上架设磨秋；在秋场上杀牛、户均分割牛肉，并以牛皮制作木鼓。要请寨中德高望重的老者先“开秋”，再找

六月年
立秋千

欢乐的
秋场

已婚并已有两个孩子、父母健在且家庭完整的男女各四人上去骑，这之后其他人才能去骑。磨秋场上，人们打磨秋、荡秋千，吹巴乌、树叶，跳藤绳、对山歌，跳起了扇子舞、竹棍舞、罗作舞；夜晚，每家每户要点燃一把松明火把，并把砍磨秋时分到的磨秋屑点燃，对屋子的各个角落进行熏扫，以驱恶除邪。

黄饭节

哈尼语“里玛主”，以这个节日向报春的布谷鸟虔诚敬献，以表示对春天的欢迎。古时，哈尼人在布谷鸟的帮助下，学会了分四季、时令，为了表示不忘布谷鸟的恩情，每年阳春三月都要用黄糯米饭或粑粑祭献布谷鸟。各村寨要在一个属羊日上山采摘黄饭花，挤出它的花汁来浸泡糯米，蒸出的糯米饭金黄喷香；还要煮一些红蛋，一起祭献给布谷鸟。红蛋壳和泡过糯米的花枝要抛到屋顶上，以祈求五谷丰登，六畜兴旺。男女青年会装扮一新，聚在村坡寨头的山野草坪上玩乐，谈情说爱，选择对象；男子还会举行摔跤活动。

栽秧节

是以家庭或村寨为单位举行的节日。各户要选定一个好日子来过栽秧节，也叫“开秧门”，要做汤圆献天地。插秧前，要用糯米饭、熟鸡蛋或熟鸭蛋、几片盐酸果树叶以及蒿枝做成的筷子，置于自家水田的水口处。插秧时，要先插三撮，一撮代表人

▲

哈尼族妇女正在田里插秧、撮泥鳅

吃的，一撮代表牲口吃的，一撮代表所有的庄稼，然后用竹箩罩起来，直到秧插完了之后才能拿起来。之后，围田快跑一圈，预示着今年的插秧能顺利地尽快结束。举行“开秧门”仪式的目的是希望避免天灾、避免虫灾，祈求风调雨顺、五谷丰登。开秧门这天，从举行仪式的田边经过的人，主人都会邀请参加活动。

尝新节

也叫“新米节”。新谷打回来，舂出新米时，各村寨便选择属龙或属狗的吉日过尝新节，以祈求祖先保佑粮食能够顺利收获。“尝新节”选在属狗的日子，源于狗上天取来谷种的传说。也有的传说讲，洪灾毁坏了所有的田地和村寨，卷走了五谷种子，一条大黑狗从洪水中衔回了一束稻谷，为了记住狗衔回谷种的恩情，人们就把“尝新节”日期选在了属狗日。过尝新节祭祖，要在陈米上面撒上当年的新米蒸出一甑米饭来，表示陈米还没吃完就又收获了新米，以期望祖先在收获季节帮忙看护好庄稼，并祈求年年有余，永不断粮。尝新节期间，家家户户都要杀鸡摆酒，相互邀请来品尝自家的新谷，共庆丰收。

第五章 传承发展的文化艺术

新中国成立后，哈尼族地区政治、经济、文化等各方面都发生了深刻变化。一直未能产生自己的作家和书面文学的哈尼族，形成了具有一定规模和较高水平的哈尼族文学创作队伍；丰富的哈尼族音乐、舞蹈得到收集、整理和推广，在各民族艺术花园里展现了独特魅力。

教育历史悠久

数千年来，哈尼族形成了自己独特的文化教育传承系统。哈尼人家的堂屋火塘是不灭的，夜晚，一家人围坐在火塘边，聆听长辈教导，火塘是哈尼族家庭教育的重要场所。注重在祭祀、节庆活动中，传承传统文化；在婚嫁、命名等习俗活动中开展教育活动。哈尼族在生产劳动和日常生活中创造了丰富多彩的口头文化，后代从中得到各种知识，受到本族文化的熏陶。

火塘是哈尼族家庭教育的重要场所

知识链接 **“吃了文字”** 哈尼族民间有一个流传很广的“吃了文字”的传说：祖先与其他民族祖先从天神那里取回文字，归途中所带食物耗尽，众人饥饿难耐；善良的哈尼祖先拿出写有文字的牛皮分给大家食用，挽救了众民族祖先的性命；从此哈尼族没有了自己的文字，广大哈尼族人民靠刻木、结绳、数豆记事，吃尽了没有文化之苦。但哈尼族有自己独特的文化教育传承系统，这一系统不仅使哈尼民族得以生存和发展，还保持了有别于其他民族的风俗礼仪、宗教信仰、民族秉性、伦理道德及这个民族成员的待人处事方式和态度。

明清时期教育

明、清统治者把发展边疆少数民族地区的教育，作为“治国安边”的一项统治政策。明代在哈尼族地区出现书院、义学、私塾、学堂等不同形式的学校教育。1516—1521年间始设元江府学，后在元江建有文昌书院。1615年，六诏土官龙上登上京承袭世职，遍访名宿，学问大进。回来后兴学校，立孔庙，撰写了龙马山碑碑文。明末清初，哈尼族聚居的他朗、普（宁）洱、因远、老武山、卜左、勐先、磨黑等陆续创办义学；红河、元阳、绿春、元江等地的官绅富户，以私人房舍设堂教学，部分富裕的哈尼族家庭有子女入学接受教育。1821年，墨江建有联珠书院（文庙）。

近现代学校教育

进入20世纪，哈尼族的近代学校教育有所发展。1904年，墨江癸能水癸大寨创立了进行“哈汉双语教学”的小学堂，以哈尼话讲授汉文教材的内容，一年级用哈尼话授课，二年级后增加用汉语讲授的比重，该村读书10年以上的哈尼族有23人，其中秀才4人。1905—1915年，在宁洱、镇沅、元江、红河、元阳、澜沧、墨江等县创办国民小学，并在哈尼族聚居的乡镇，创办了恩乐、保华、迤萨、甲寅、乐育、三村、浪堤、胜村、新街、牛角寨、上新城、水卜龙、稿吾、嘎娘、多依树、大坪、攀枝花、嘎玛、酒井、大卡竜、补干等小学。1937年，元江哈尼族彝族傣族自治县有哈尼族小学5所，学生844人，其中女生15人。墨江在哈尼族聚居的补干村等4个村开办了小学，20世纪初到40年代，到县城简易师范、中学读书的哈尼族有40多人，其中3人分别考取省立中学、师范和讲武学堂。

20世纪30年代，穷苦人出身的李和才，深知哈尼人没有文化的苦处，拿出一笔资金，创办咪哩小学，并亲自请来了省立师范毕业、从教多年、富有教学经验的老师。他把老师奉为上宾，老师节假日回家或返校，他都要配备骡马和随行人员接送。为让更多的哈尼子弟能上学，出资创办小柏木、孟朋、甘岔、紫驼骡等5所小学。1947年春，李和才提出集资筹办元江中学的议案，并表态自愿捐资所需经费的一半，后因县政府无力筹集所需的另一半经费而告吹。同年秋，李和才捐资在因远举办了元江中学预备班。

现代教育事业蓬勃发展

新中国成立后，中央和地方政府重视民族地区教育发展，各地制定地方性法规，推进民族教育工作。红河哈尼族彝族自治州、西双版纳傣族自治州制定了民族教育条例，江城、宁洱、墨江、元江、镇沅等县的自治条例，把发展少数民族教育作为重要内容，哈尼族地区民族教育事业蓬勃发展。

哈尼族小学生

基础教育逐步发展

1952年后，哈尼族地区创办了一批民族中小学。这个阶段，哈尼族中小学生毕业后，成为当地建设的骨干力量；同时，坚持以哈尼族群众欢迎的办学方式和教学内容，培养出不少能劳动、会记账的新型人才。1979年以来，云南采取一系列促进民族中小学教育发展的措施，在经济上给予边境少数民族中小学生生活补助，贫困山区的学生免学费、书籍费、文具费，巩固和完善半寄宿制高小；成立县级民族中学或在贫困县一中设民族部，选派哈尼等12个教育较落后的民族学生，到云南民族中学和云南师大附中读书；在部分重点和普通高校设立了少数民族预科班和民族班，招收少数民族学生。国家对西部地区发展教育的政策惠及哈尼族地区，哈尼族分布的县（区）都达到国家“两基”验收标准，中小学的办学条件得到改善，选派骨干教师到哈尼族乡村学校支教，促进了哈尼族教育的发展。

学习哈尼族文字的哈尼族小学生

双语教育成效初显

1956年，云南省教育厅成立了民族教材编译室，编印哈尼、傣、景颇、拉祜、佤等民族文字的小学课本。1958年，国家批准试行《哈尼文字方案》（草案），4月，云南民族学院开办第一期哈尼文培训班。之后，中央民族学院、云南民族学院举办了多期哈尼文大专班、本科班。同时，红河哈尼族彝族自治州开办了多期哈尼文教师培训班，开展了哈尼文群众扫盲运动，红河、元阳、绿春等县通过哈尼文扫盲53 817人。元阳哈播村马叔波担任村干部20多年，坚持使用哈尼文，提高了工作效率；阿东村段莫娘学医问药、配制药剂，都用哈尼文记录。1983年后，红河哈尼族彝族自治州在红河、元阳、绿春、金平4县243所全日制小学，试行哈尼汉双语教学，同时，开展哈尼文成人扫盲工作，出现了元阳哈播村、金平箐口村等哈尼文无盲村。

墨江民族学校

职业教育已成体系

1958年至1962年，红河、普洱、西双版纳、玉溪等地区创办了卫生、农业、财经、商业等中等专业学校。1979年后，云南先后在省部级中专开办了民族班，专门培养少数民族中等专业技术人才，哈尼族学生逐步增加；红河、普洱、西双版纳、玉溪创办了技工学校，红河哈尼族彝族自治州创办了警察、民族中专等学校，普洱创办了亚热带作物技术、林业等中专学校。21世纪以来，哈尼族地区创办了一批中专学校，县区都有农职业高中，民族干校开展了职业教育。2008年，普洱市整合农业、财经、林业、技工等学校办学资源，新建了普洱职教中心。2009年底，红河哈尼族彝族自治州共有中等职业学校41所，为社会培养输送了40 000多名职校毕业生。

中等师范教育长足发展

1951年创办了允景洪初级师范学校，是云南第一所民族师范学校。1955年，云南省民族师范学校成立，哈尼等少数民族有了第一代中等师范学生。1974年后，创办了红河、思茅、澜沧、西双版纳、玉溪等民族师范学校，为哈尼族地区培养了一大批小学、幼儿园教师。1987年后，墨江等哈尼族聚居县区创办了教师进修学校，培训在职教师；云南师范大学及哈尼族地区的师专、师范学校实行定向招生制度，培养了一大批哈尼族初中、小学教师。一些地方的教育、民族部门密切配合，选拔哈尼等民族少年儿童进民族中小学、民族师范就读，毕业后回村寨任教，较好地解决了农村中小学教师紧缺的问题。

高等教育从无到有

1951年，云南民族学院成立，主要轮训少数民族干部和开办高考预科班；1971年恢复并改为高等院校，从1977年起开始招收大学本科生。1958年在红河哈尼族彝族自治州创办滇南工农大学，1963年并入昆明工学院。1977年，红河师范学校举办昆明师范学院红河普通专业班。1978年，创建蒙自、玉溪、思茅等师范高等专科学校，后分别升格为红河学院、玉溪师范学院、普洱学院等本科院校。在哈尼族地区，还创建有云南热带作物职业学院、西双版纳职业技术学院、玉溪农业职业技术学院等职业院校。这些学校的建设发展，结束了哈尼族地区没有高等院校的历史，并形成了具有多层次、多形式的教育体系，也为哈尼族子女升入大学提供了一定条件。

红河学院科学门

教育事业获得了巨大发展，与其他民族教育发展的差距不断缩小。1949年，哈尼族在校小学生641人，1954年16 159人；2010年为1 119 229人，是1954年的69.26倍。1954年有哈尼族中学生111人、中专生11名，大专以上文化的屈指可数；1982年大专以上文化的有320人。2010年，高中、中专文化的84 070人，大专文化的29 350人，本科文化的15 456人，研究生文化的507人。1999年，车金明采写的消息《哈尼族三青年获博士学位》，报道了李少军、傅永寿、陈丁昆获得博士学位的喜讯。至今已有李庆安、李学良、钟金城、白松、金争、邓晓玲（女）、李莲芳（女）等40余人在国内外获得博士学位。民族教育的发展提高了哈尼民族的整体素质，科学文化水平有了新的提高。

▲

农业部柑橘病害防控首席科学家邓晓玲博士

丰富深厚的口头文化

由于长期的迁徙，生存条件恶劣、不稳定，生活环境异常艰苦，造成哈尼族虽然具有悠久的历史，却只能用口头流传的方式来继承传统文化。口传成为哈尼族文化流传的基本媒介，也是哈尼族传统文学的基本内容和形式。

千百年来，哈尼族人民在生产劳动和日常生活中创造了丰富多彩的口头文化，有神话、传说、史诗、故事、寓言、童谣、谚语、谜语等，反映了哈尼族人民的思想感情和社会生活，总结了先民生产生活的丰富经验，哈尼族后代得到各种知识，受到本族文化的熏陶。哈尼族的史诗巨著，描述了人类的进化，人类与自然、社会的斗争，包含了各种哲理。如《创世纪》《哈尼古歌》等讲述了世间万物的来历；《合心兄妹传人种》是叙述人类经历了严酷的江水灾害继续繁衍的故事；《哈尼阿培聪坡坡》《哈尼祖先过江来》《雅尼雅嘎赞嘎》等反映了哈尼族迁徙的历史；《四季生产调》等依据农事节令变化的特点，逐月唱去，包括了传统的节日和习俗；其造房、种植、狩猎的故事，以及许多民间文学作品，都包含了丰富的历史文化，也有现实的生产和生活经验。在前辈的讲述中，一代代哈尼人了解自己民族的历史、文化，受到民族历史文化遗产的熏陶。在传唱儿歌、猜谜答题过程中，哈尼儿童学习了生产和生活知识，形成良好的行为习惯，并从中吸取了丰富的知识和智慧。丰富、深厚的哈尼族口头文化，对本民族传统文化的继承，文化知识的传播，发挥了极为重要的作用。

新中国成立后，哈尼族民间文艺事业获得了新生，尤其是十一届三中全会以来进入了崭新发展的新时期。在各级党委和政府的关怀和有关专家、学者的帮助下，涌现了一批哈尼族民间文学艺术工作者，搜集、翻译、整理并出版了一批具有重要价值的民间文学成果。

哈尼族民间文学作品集

1984年，云南人民出版社出版了《哈尼族民间故事》，这是第一部正式出版的哈尼族民间故事集，也是第一部正式出版的哈尼族文学作品集。之后，《罗槃之歌》《哈尼族民间故事选》《哈尼族神话传说集成》《哈尼族叙事长诗选》《西双版纳哈尼族民间故事选》《西双版纳哈尼族民间故事集成》《西双版纳哈尼族歌谣》《木人克沙》（童话集）、《哈尼族情歌选》《哈尼古歌佳句》《哈尼族婚俗歌》《哈尼朵阿玛》（谚语集）、《金平哈尼族民间故事》《哈尼族习俗歌》等陆续出版。

史诗作品

创世史诗《奥包密色》《十二奴局》《哈尼古歌》《哈尼族起源歌》《木地米地》等整理出版，以神话的方式，叙述了宇宙形成、天地诞生、万物生长、人类繁衍、安寨定居、猎渔牧耕等由来，涉及政治、经济、哲学、宗教、礼仪等内容。迁徙史诗《哈尼祖先过江来》《雅尼雅嘎赞嘎》《普嘎纳嘎》《斯批黑遮》《缩最禾土玛绕》等整理出版，系统地吟唱了哈尼族先祖悲壮、曲折而又漫长的迁徙历程，展现出哈尼人勤劳善良、百折不挠的优秀品质和与其他民族和睦相处、乐于助人的精神风貌，以及地理、生产生活、风俗民情等知识，是十分珍贵的研究哈尼族历史文化的史料。

生产礼仪习俗歌

《哈尼族四季生产调》，包括节令、农事、节日、祭祀、赶集等内容，是哈尼族指导农业生产，世代口碑流传、家喻户晓的一首长诗。《哈尼族求福歌》收录了以驱灾求福、向往美好生活为内容的古歌6首。《哈尼族礼仪习俗歌》（上、下册）以一个人生命为轴线，叙述了人物生源、人类开始、成长经历、婚嫁仪式的老死病故，建寨安居的古规，哈尼族社会中头人、摩批、工匠3种能人的起始，遮天大树与哈尼族经年算月卦日的来历。此外还有《哈尼族农事节气歌》《报春的布谷岛》《送嫁歌》《安慰出嫁的姑娘的歌》《哈尼阿妈去世歌》《米刹威》等。

叙事诗歌

《哈尼族叙事长史集》《不愿出嫁的姑娘》《洛奇洛耶与扎斯扎依》《央达与央才》《多沙阿波》《都玛简收》等整理出版。《央达与央才》叙述了一对恋人同生同长、盟发爱情、有情人终成眷属的过程。《都玛简收》叙述了一个哈尼女子出生、成长、谈情、逼婚、逃婚到流浪的悲剧故事，同时传授了生产生活知识及崇拜自然、亲和自然的思想观念。流传于绿春、元阳、红河、金平、元江、墨江等哈尼族地区。

《四季生产调》

2006年，经国务院批准列入第一批国家级非物质文化遗产名录。作为山区梯田生产技术及其礼仪禁忌的生产生活百科全书，包括引子、冬季、春季、夏季和秋季五大单元的内容。引子强调四季生产调对哈尼族的生存所具有的意义，其余部分顺序讲述梯田耕作的程序、技术要领，以及天文历法知识、自然物候变化规律、节庆祭典知识和人生礼节规范等，流传于红河哈尼族地区。元阳县朱小和为该文化遗产项目代表性传承人，并被列入第一批国家级非物质文化遗产项目代表性传承人名单。

传承人朱小和劳动之余在山坡教徒弟《四季生产调》

《洛奇洛耶与扎斯扎依》

2010年，经国务院批准列入第三批国家级非物质文化遗产名录。是长期流传在墨江、江城、宁洱与元江、新平一带的哈尼族碧约人的民间叙事诗，故事性强，情节起伏跌宕，人物形象鲜明，结构悲惨壮烈，是一首歌颂平凡劳动、纯真爱情而又令人惊心动魄的英雄赞歌。分为开头的歌、迷扎扎斯扎耶、阿基洛奇洛耶、赶街相会、上山吹弦、秧田对歌、串寨求亲、成家立业、领头抗租、不死的魂、结尾的歌。最早的演唱者白杨才老人已经辞世，墨江哈尼族自治县张桂芬为该文化遗产项目代表性传承人，并被列入第四批国家级非物质文化遗产项目代表性传承人名单。

洛奇洛耶与扎斯扎依

《哈尼族口传文化译注全集》编译工作

由红河哈尼族彝族自治州牵头组织，规划完成编译出版100卷。编译工作以红河州为主，涉及普洱、西双版纳、玉溪等哈尼族地区，兼顾东南亚哈尼族（阿卡）地区，其中包括越南、老挝、缅甸、泰国等国家的有关地区，内容主要包括口传文化中的史诗、神话、传说、故事、祭词、谱牒、传统歌曲等。其中史诗12卷，神话、传说、故事14卷，祭词29卷，谱牒20卷，歌谣16

《哈尼族口传文化译注全集》出版发行

卷，词语汇集3卷，天文历法2卷。从2008年启动，到2013年底完成出版40卷，标志着哈尼族丰富的口头传承文化有了系统的文字记载；对于保护和挖掘哈尼族文化资源，加强民族文化建设，推动社会主义文化的发展和繁荣具有十分重要的意义。

哈尼文化记录行动

▲

哈尼文化记录行动在北京人民大会堂云南厅启动

经省政府批准，由红河州政府、云南省哈尼族研究委员会主办，从2012年6月开始，历时一年，全面记录哈尼族宗教信仰、服饰、饮食、民居建筑、人生礼仪、民间文艺等各类民俗事项以及自然风光和人文古迹，充分展示哈尼族和哈尼族地区独具魅力的人文、自然、历史和旅游资源，集中展示哈尼族特有的原生态文化。文化学者和摄影家广泛深入境内外的哈尼村寨，用图片、摄像、访谈等形式，记录节日祭祀、农耕生产、生活习俗以及大型活动等文化元素，形成了数万个镜头、数十小时的音频、数千张图片、数万访谈文字的资料，对哈尼文化的保护、研究、传承和传播将起到积极的作用。

改写没有书面文学的民族历史

新中国成立后，进入大中专学校学习的哈尼族青年，接触到国内外优秀文学作品，强烈的民族自尊心和责任感驱使着他们承担起改写没有书面文学的民族历史的使命。

经过30多年的发展，一支具有一定规模和较高水平的哈尼族文学创作队伍已经形成。在发表作品的200多名哈尼族作者中，加入中国作家协会的8人，加入云南省作家协会的40多人，哈尼族“作家群”“诗人群”，是对哈尼族文学创作队伍活跃在全国少数民族文学创作领域和云南文坛的充分肯定；云南省文联组织召开了哈尼族作家作品专题研讨会，著名作家彭荆风发表《充满活力的哈尼族作家群》等评论，对哈尼族文学创作队伍的成长和文学创作的成绩给予高度评价。哈尼族作家发表了数千件文学作品，出版各种体裁的个人文学作品近200部，《哈尼族当代文学丛书》（共11部，其中《马樱花开》汇集了6名女作家的作品）问世，并有百余篇（部）作品在各级文学评奖中获奖。在已举行的10届全国少数民族文学评奖中，有朗确、艾扎、存文学、诺晗、哥布、黄雁、莫独等作家的9篇（部）作品获奖；艾扎、哥布、艾吉、黄雁、莫独、存文学、冯德胜的作品获云南省人民政府文学艺术创作奖。

哈尼族文学门类齐全，诗歌、小说、散文、报告文学、戏剧与影视文学等都取得了显著成绩。

诗歌创作

诗歌创作处于书面文学创作发端地位。1956年，毛佑全在《边疆文学》发表诗歌《红色的火》。1979年和1980年，张强、存文学、井力分别在《中国青年报》《云南日报》发表了《幸福的接见》《路有多长诗有多长》《同志，请记住他们》等诗歌，这是哈尼族作者最早在省以上报刊发表的有别于新民歌的诗歌作品。30年来，从事诗歌创作的哈尼族作家较多，在《诗刊》《人民文学》《文艺报》《中国作家》《星星》《香港文学》《新华文摘》等报刊发表上千首诗歌，出版诗集50多部。哥布以双语创作，出版哈尼族作家文学史上的第一部长诗《哟咪哟嘎，哟萨哟窝》，其诗集《母语》获全国少数民族文学创作奖和省政府文学艺术创作奖，艾吉的诗集《山上》获省政府文学艺术创作奖。

哈尼族诗人哥布

小说创作

小说创作的成绩十分突出。1977年，朗确在《云南日报》发表短篇小说《红艳艳的樱桃花》，是哈尼族作者发表的第一篇小说作品。20世纪80年代后，一批哈尼族小说作家脱颖而出，他们从创作短篇小说开始，逐步尝试中、长篇小说创作。1985年，史军超的长篇小说《荷花魂》出版，同年，《大西南文学》一、二期以改刊后“中篇力作”，首推艾扎、存文学的中篇小说《红河水从这里流过》《火之谷》。一批哈尼族作家的小说作品，在《人民文学》《当代》《收获》《大家》《钟山》《小说界》《民族文学》等全国重点期刊发表，有的被《小说选刊》等选载，或被改编为影视剧本，或被介绍到日本等国和中国台湾地区。哈尼族作家出版长篇小说20多部，结集出版中短篇小说30余部。艾扎、存文学、黄雁、朗确的7篇（部）小说获全国少数民族文学创作奖、云南省政府文学艺术创作奖；存文学因小说创作的突出成就，获庄重文文学奖，其长篇小说《碧洛雪山》入围第八届茅盾文学奖备选作品（81部）。

散文和报告文学

散文和报告文学创作成绩喜人。1956年，毛佑全在《边疆青年报》发表散文《哈尼山寨》。1980年，朗确的散文《茶山新曲》获第一届全国和云南省少数民族文学创作奖，是哈尼族文学创作作品首次在省以上文学评奖中获奖。诺晗、莫独的散文获全国少数民族文学创作奖，诺晗、艾吉的散文集和哥布、存文学、冯德胜的长篇文化散文、长篇传记文学作品，获云南省政府文学艺术创作奖。诺晗的散文《山间又响马铃声》和李雄春的《苏醒的山寨》，收入全国统编教材小学6年级范文课本和大学中文教材，成为少数民族中有作家作品被选入统编教材的民族之一。多数哈尼族作家在创作初期选择散文为创作形式，在以后致力于其他形式创作时，仍坚持散文、报告文学创作，出版散文集和长篇散文、报告文学40多部。

传统民间歌舞艺术

民间音乐

哈尼族民间音乐调式较多，门类基本齐全。主要分为八大类：

歌手俺斗在哈尼村寨采风

哈巴 哈巴是吟唱古规和道德的歌，多限于节日、喜庆、祭祀、婚丧等隆重场合演唱，其曲调庄重严肃，低缓深沉，有固定的演唱格式，开腔要先唱“萨依”。按题材划分，可分为节日歌、祝贺歌、祭山歌、哭嫁歌、哭丧歌、诉苦歌等。

阿茨 阿茨是山歌、情歌，内容多以爱情为主，其歌唱的时间、地点和对象限制严格，一般是在山野劳动时和节庆、农闲时或在特定的社交场所中才能演唱。夜晚不能唱，村里和家里不能唱，在同宗族异性血亲面前不能唱。

摩批突 适用于各种祭祀场合的歌，由摩批（祭师）演唱，哈巴调式，但其引句衬词与哈巴有所不同，如祈祷时要以“哎咳”开头，唤请神灵降临时要用“哈呃——呃”为起首。

迷刹威 哭死人调，即女人痛苦的哀哭；有专门的女性歌手用哈巴调式演唱，但其引句衬词有别于哈巴，为“嗯哼哼！呃”，有哭祖辈、哭小娃、哭情人等不同类型。

然密必 在婚嫁场合所演唱的哈尼族民歌，哈巴调式，其引句衬词为“嘿！咿咿咿”等，按照婚礼不同场合需要，可分为歌手主唱的喜酒歌，新娘与家人、小伴对唱的出嫁歌，新娘出门上路时唱的哭嫁歌，送行的女伴唱送别歌，歌手主唱的贺喜歌。

阿尼托 祖辈、长辈、哥姐领小孩时演唱的哄娃娃歌，词句简单，重复哼唱，以“呃呃呃”或“瑟呃”等做衬词，可分为领娃娃、哄娃娃、哄娃娃睡等类型。

然谷纳差昌 儿童玩耍时演唱的歌，曲调短小精悍，句型大体整齐，有偶句型与奇句型，顶真辞格大量使用，演唱形式丰富多样，有齐唱、伴唱、对唱，边舞边唱，或边游戏边唱。

罗作 罗作即舞蹈歌，是在跳罗作舞唱的歌。“不跳罗作脚杆痒，不唱罗作嘴巴痒”，罗作的歌唱形式多样，可齐唱、主唱、伴唱，也可男女对唱，其引句衬词一般是“作瑟”“作赛”等。

多声部民歌

2006年，经国务院批准列入第一批国家级非物质文化遗产名录。流传于红河县阿扎河乡以普春村为中心的哈尼族村落，演唱方式分为有乐器伴奏和无乐器伴奏人声帮腔两种；演唱内容以原生态的《栽秧山歌》为主体，其他的《欧勒乐勒》《情歌》等为附体，包括歌颂劳动、赞美爱情、讴歌田野美景等内容；唱词结构以开腔用词、主题唱词、帮腔用词三部分构成一个基本段落，其音乐形态在歌节结构、调式音列、调式色彩、调式组合和多声部组成等方面，都显示了鲜明的民族和地域特征。红河县车格、陈习娘为该文化遗产项目代表性传承人，并被列入第二批国家级非物质文化遗产项目代表性传承人名单。

元阳县哈尼哈巴

2008年，经国务院批准列入第二批国家级非物质文化遗产名录。“哈尼哈巴”，哈尼语意为哈尼古歌，自古流传于红河南岸的元阳、绿春、红河、金平和建水县坡头乡及普雄乡等哈尼族聚居地区，是传播哈尼文化知识的主要方式和载体，涉及哈尼族古代社会的生产劳动、宗教祭典、人文规范、伦理道德、婚嫁丧葬、吃穿住行、文学艺术等等，被誉为“无文字的百科全书”。

民族乐器——巴乌

巴乌，哈尼族传统单簧吹管乐器。用毛竹管制成，一端开口，另一端留竹节或用木塞封堵，在靠近封闭一端的管壁上挖一个长方形槽，装上薄舌形簧片，用蜂蜡粘住制成吹口。在竹管下端有八个发音孔，与吹口成四十五度角，用嘴唇含住吹口来吹，簧片发生震动，并在手指配合下发出圆润、优美、动听的音乐来。巴乌的低音区宽厚，中音区柔美，高音区尖锐。改革后加了四个键子，音域扩大，音量增加，音色更加优美、圆润，既可演奏宽广抒情的音调，亦可演奏技巧性强的华彩乐段，是极富民族特色、颇受音乐爱好者喜爱的乐器。巴乌独奏的名曲有《傍晚的声音》《美丽的边境》《欢乐的巴乌》《侗乡之夜》《渔歌》《月光下的凤尾竹》等。

▲

巴乌

民间舞蹈

哈尼族民间舞蹈丰富多彩。传统舞蹈通常在以下几种场合下进行：一是在宗教祭祀性活动中，通过舞蹈，倾诉对神灵祖先、图腾对象的崇敬，并祈望神灵保佑村寨平安、五谷丰登的朴素愿望；二是在传统的节日中，通过舞蹈表达欢乐喜悦之情，烘托隆重喜庆的节日气氛；三是在婚娶佳期，新娘出嫁之前，全寨青年男女陪伴新娘在山林聚会歌舞，新郎家来接亲的队伍与新娘家陪送的队伍要对歌比舞；四是在农事、农闲时要欢跳乐作舞，房屋建成要歌舞贺新房，青年“串姑娘”时要相邀到山林中跳舞。

▲

牛皮鼓舞

哈尼族舞蹈 ▶

铓鼓舞 ▶

哈尼族民间舞蹈主要有七种：

鼓舞 鼓是哈尼人向“摩米（天神）”传递信息的灵器，在地震、火烧房子、日月食、战争等场合方可敲击，在节日庆典方可跳鼓舞，用鼓作为道具或伴奏，边敲边舞，红河跳铓鼓舞，普洱跳牛皮鼓舞、扭鼓舞，西双版纳和澜沧、孟连跳长鼓舞。

伺尼尼（嘎尼尼）舞 伺尼尼是红河及墨江、江城哈尼族节日庆典时跳的舞蹈；舞蹈动作节奏感强，手臂和肩、腰、臀、腿、脚齐用力，动作深沉粗犷，刚健柔韧，热情洒脱，显示出节奏、力量和刚柔之美。

罗作舞 哈尼族的广场自娱性舞蹈，通常在喜庆节日、劳动间歇或社交活动中跳，以数人围圈并伴以“罗作”的欢唱声，伴奏用锣鼓、四弦、巴乌、二胡等，舞者和围观者击掌合拍，舞蹈时脚的跺跳刚健有力，粗犷古朴。

阿迷车 意为找姑娘，是最具哈尼族民俗特色的传统歌舞之一。可一人唱一人跳，亦可以数十人甚至上百人、上千人一起边唱边跳，由歌者吟唱，舞者配以相应的舞步和动作，每隔一两个节拍，众舞者配以“依——萨”的合音。舞者根据唱者的节拍，左脚往顺时针方向横去一步，上身微向右后仰，微出左胯，右腿跟离地，双手同时往前后高高甩出，反复如常。

◀ 哈尼族舞蹈

竹筒舞 竹筒舞流行在西双版纳及澜沧、孟连、墨江、江城等哈尼族地区，将生活中用于背水的竹筒，演变成为歌舞伴奏的乐器，舞者一边歌唱，一边手持竹筒将筒底向地面上冲击，使之发出有节奏的“咚咚”音响，人们围成圆圈，随着竹筒的节奏翩翩起舞，并按逆时针方向徐缓前进。

红河县乐作舞 2008年，经国务院批准列入第二批国家级非物质文化遗产名录。发端于红河县，是哈尼族群众根据晒荞子而编跳的踩荞舞，目前已经成为全民性民间舞蹈，全县823个自然村中有622个村子流行乐作舞，94个村委会中有75个成立了乐作舞队伍，阿扎河乡每年7月都举行“苦扎扎长街舞”活动。舞蹈以踩荞步法、撵调步法为基础，已收集舍哧、踩荞、撵调、三步弦、斗脚、

▲

棕扇舞

经线、找对象、擦背、游调、模螺蛳、翻身、作瑟等12套舞蹈。

棕扇舞 舞者手拿棕榈叶，模拟白鹇鸟等形态，动作古朴、细腻，元江整理、规范了36套72式的基本动作，让棕扇舞更具观赏性和艺术性。2010年，经国务院批准列入第三批国家级非物质文化遗产名录。棕扇舞流传于元江羊街、那诺等地，起源与古老的狩猎、采集生活和祭祀活动有关，模仿禽兽飞跃奔跑动作，表现猎人愉快回家的心情，描绘驱鬼祭神的场景；男性模拟动物或鸟类，女性模拟白鹇鸟动作。随着社会发展，棕扇舞逐渐淡化祭祀成分，发展为不仅在祭祀、丧葬时歌舞，逢年过节、农事休闲时亦歌亦舞。棕扇舞以铓、鼓、钹和唢呐等为伴奏乐器，舞蹈动作古朴、厚重、风趣，多用脚步颤动，起伏开跨及大小手臂的甩转，部分舞姿与元江它克岩画舞图相似。龙正福是云南省级非物质文化遗产项目代表性传承人。

艺术创新发展

新中国成立后，丰富的哈尼族音乐、舞蹈得到收集、整理和推广，在各民族艺术花园里展现了独特魅力。

丰富的哈尼族音乐、舞蹈文化得到收集整理和传承。1963年至1964年，杨放等参加的调查组经过一年调查，内部印发了《元阳县哈尼族民间器乐曲》《红河县哈尼族器乐曲》和《元阳县红河县哈尼族歌舞曲》，是我国哈尼族民间音乐舞蹈收集整理的首批成果。1984年后，历时数年，组织开展了哈尼族民间文艺集成的收集、整理工作，出版了一批专门成果。《中国音乐词典》《中国少数民族乐器志》等书专题介绍哈尼族音乐舞蹈，《哈尼哈巴初探》《中国云南红河哈尼族民歌》等专著陆续出版。哈尼族儿歌“其多哩”选入全国小学音乐统编课本，是选入国家统编课本的为数不多的少数民族音乐作品。2005年以来，哈尼族四季生产调、多声部民歌、哈尼哈巴、洛奇洛耶与扎斯扎依和乐作舞、棕扇舞等，进入国家级非物质文化遗产名录，一大批民间音乐舞蹈进入省、州（市）级非物质文化遗产名录；朱小和、车格、陈习娘、张桂芬等民间歌手被命名为非物质文化遗产项目代表性传

▲

乐作舞

承人。

经整理后的音乐、舞蹈节目在艺术舞台闪烁耀眼光彩。近年来，央视和省、市电视台编播了一批介绍哈尼族音乐、舞蹈的专题节目，《巴哈雅咪》被收入央视《民歌博物馆》。北京、深圳、昆明等地哈尼族演员，通过演唱哈尼族民歌、演奏哈尼族器乐、表演哈尼族舞蹈，向国内外游客宣传哈尼族。云南文艺演出、比赛和节庆活动，哈尼族传统民间音乐舞蹈表演成为重要的、广受观众欢迎的节目。

山谷木屐舞

以哈尼族音乐、舞蹈元素创作的歌舞广为流传。20世纪50年代，歌曲《哈尼姑娘赶街》、巴乌独奏曲《傍晚的声音》和舞蹈《白鹇鸟》在北京舞台展示了哈尼族形象。60年代和70年代，歌曲《阿波毛主席》《毛主席的光辉照过来》《哈尼人民热爱毛主席》《阿珠之歌》和舞蹈《街子依》在省内外演出。80年代，《哈尼情歌》参加全国汇演；舞蹈《哈尼族罗作舞》《糯比棕扇舞》《栽秧山歌》《祝福》在中国艺术节比赛中获一等奖等奖项，曲艺《哈尼赶马哥》《情暖山洼》和舞蹈《木雀》在全国比赛中获奖。90年代以来，《阿究赫》入选“20世纪民族之歌”，《喊月亮》在央视春节联欢晚会上演唱，《长街宴》成为影响最广泛的少数民族歌曲之一。舞蹈《木屐舞》登上央视春晚舞台并走进世博会的演出；《打秧鼓》《乙车姑娘》等被出访的歌舞团，带到美国、日本等国家地区演出；《祭鼓》《螳螂》在中国舞蹈荷花奖民族民间舞蹈大赛中获奖；哈尼街舞《打谷场上》参加中宣部春节联欢会，获全国农民文艺汇演金穗奖和云南文艺基金奖、“云南文化精品工程”作品奖。云南艺术学院倾力打造了大型原生态音·舞·诗·画《阿密车》成功上演。

体育游戏丰富

哈尼族迁徙史诗《哈尼阿培聪坡坡》等记载，先民利用树枝、棍棒、石块、竹箭等作为武器，获取猎物和抵抗外部势力的侵袭。在劳动之余，喜欢以各种形式聚在一起，开展一些独特的有益身心的肢体活动，以强身健体、锻炼意志、增进友谊，并逐步发展为系列体育游戏活动。主要有武术、摔跤、射弩、铜炮枪射击、打秋千、打陀螺、抵肩、爬树、打石头仗、打泥巴架、爬竹竿（藤绳）、跳竹竿、跳水、穿林赛跑、背人赛跑等上百种。一些哈尼族特有的体育游戏活动，成为云南特别是哈尼族地区各民族共同开展的体育游戏活动，武术、摔跤、射弩、打秋千、打陀螺、扭扁担、斗牛、斗鸡等是云南少数民族体育运动会的重要比赛项目。

武术

哈尼族武术源远流长。武术活动形式多样，按其形式可分为基本功、套路运动、自由搏击运动等三类，基本功包括肩臂功、腰功、桩功、鼎功、腿功、剧跃、滚躺功等拳种和器械的单势动作，是武术套路和对抗性运动的基础；武术套路运动是主要形式，内容丰富，可分为拳术套路、器械套路、对练套路、集体演练套路；哈尼族武术的精华在于实战，自由搏击运动建立在基本功、套路运动的基础上，实战中使用踢、打、摔、拿、跌扑滚翻，闪展腾挪以及气功技法，以制胜对方。通过锻炼可掌握防身御敌本领，培养勇敢、顽强、沉着、机智等意志品质，并能提高力量、耐力、速度等身体素质。

哈尼族水上摔跤吸引中外游客

摔跤

哈尼族人普遍喜爱摔跤。民间自发组织的摔跤活动很多，而且参与面很广，平时劳作前或休息时，在田边地脚进行摔跤娱乐，过六月年等节日时要举行摔跤比赛。哈尼族民间的摔跤运动，为国家培养和发现了许多优秀的摔跤选手。哈尼族摔跤比较自由，不分级别，无时间限制，允许抓腰带，也使用过背、夹臂翻、穿腿等摔跤技术，以对方双肩倒地、整个身体压倒对方为胜。哈尼族男女同赛很有特点，有时是一对一，有时是一对二（一男对二女），可以相互抱颈、互抱胸或腰，必须抱着摔，不能扯着对方的手拉倒，不能抱腿、拉腿。男女同赛，一般是妇女的挑战，表现了哈尼族妇女具有的力量、野劲。

打秋千

哈尼族普遍喜爱的体育、娱乐活动。每个村寨都有磨秋场，每年六月年是荡秋千的时节，男女青年走村串寨，会聚一起进行打秋千比赛。秋千有三种：

大秋千

大秋千 是全寨性唯一的大秋千。立秋千架仪式隆重，由头人主持祭祀秋千，并先荡动秋千后正式开秋。可单人荡，也可双人荡，主要比谁荡的高，或谁先荡到事先确定的高点。每个家庭都在家里建有让小孩荡的小秋千。

磨秋

磨秋 是横架在一条竖木顶端的长杆，杆的两端可上下升降，又能循环旋转。两端坐骑人数相等，一边坐骑的人用脚猛力蹬地使磨秋腾空而起，对方下降双脚落地，又蹬地腾空而起，秋杆便不断地起落飞旋。技术好的则在上面施展屈体上杆、翻滚骑杆和大回环等惊险动作。

转秋 形状像巨型纺车，安在轴心上的四对飞叶之间的横木上架设着四个小荡秋。每个荡秋乘坐一人，随着轴心和飞叶的旋转而旋转。

打陀螺

哈尼族喜爱的传统体育活动。青少年外出劳动时会在劳动间隙打陀螺；欢度佳节或是喜庆日子里举行民间陀螺比赛。陀螺多

"陀螺王"木天光传授陀螺技艺

种多样，主要有用陀螺树制成的木陀螺，其形状有有脚的、有肩平或斜的、有头平或尖的几种。还有用麻栗果加小竹签做成的小陀螺，如手指大小，双手紧握住顶部的竹签，使劲向顺时针方向旋转。木陀螺比赛时，支方先将陀螺旋放于地上，让打方在画定的线外用陀螺抛掷撞击地上旋转的陀螺，击中且自己的陀螺旋转时间较长于对方，即算胜利。双柏县木天光与妹妹木秀兰一起被选拔参加1991年、1995年、1999年、2003年和2011年全国少数民族体育运动会，木天光获五届男子陀螺个人冠军，被称为"陀螺王子"；木秀兰获四届女子陀螺个人冠军。

泥巴架

打泥巴架是男女老少都喜爱的活动，分村寨对打，常常是全寨出动参与。一般在插秧季节或有节庆活动时进行，地点在两村寨之间的田里、河边或山坡，人们事先备好土块、泥巴，画定距离和界线，将对方赶跑者为胜。每年举办的墨江哈尼太阳节和国际双胞节期间，在县城边设有一块专门用来打泥巴架、田里拔河、水上老鹰抓小鸡等比赛活动的场地。参与比赛的人有附近村寨的男女青年，也有参加节日的国内外游客。

射弩

弩是哈尼族成年男子必配的工具，射弩逐渐从狩猎转变为民间体育活动以及少数民族体育比赛项目。哈尼族民间经常举行射弩比赛活动，多在大树上画一个圆圈儿，插上三支箭，射手们要在50米外瞄准目标，连发三箭把树上插的箭击落；还可以射击刀刃，箭射出后把箭镞的箭杆劈成两半。玉溪体校教师李春丽，在2007年第八届全国民运会上获3枚金牌，是首个射弩女子大满贯选手；在2010年全国射弩邀请赛

哈尼族选手李春丽在全国少数民族传统体育运动会比赛中

上包揽了传统弩个人赛女子立姿和跪姿两项冠军。昆明李晓黎在2009年市民运会上独揽四枚金牌，获2010年全国射弩邀请赛男子传统弩立姿冠军。

鸡毛球

哈尼人喜闻乐见的民间传统体育活动，多在农闲季节和节日里举行。鸡毛球用布包上糠末后扎紧，再插上二三十根公鸡毛。比赛场地简易，中间画一条界线或拴一条绳子即可。比赛双方相互用单手把鸡毛球抛向对方，随球的起落，左右前后来回接球、扣杀，不许踩线越界。被鸡毛球碰到耳朵的人，要被大家搓揉耳朵，逃离场地的，会被大家追回，并继续揉其耳朵，非常热闹。

抵肩

哈尼族传统体育中力量对抗的运动。一般在婚宴上或规定比赛等特定场合进行。抵肩比赛双方可根据自己的身高、体重和力量自愿结合选择对手，若双方同意比赛，请公证人发令，两人友好地拉着手进入画好圆圈儿的场地中，互拍对方肩膀，蹲下用手和脚支撑于地上，以左肩抵对方右肩准备好。比赛时双方用手脚支撑地面，用力相抵，被抵出圈定范围的，或抵倒者为输，接着另一名挑战者上场继续再战，直到再没有人挑战，以战胜的人多少决定胜负。

格子棋

哈尼族在棋类中玩得最多的一种。不需要特别的棋板、棋纸，也不需要预先做好的棋子。玩时，在地上画“井”字形格子，格子的数目从五六至一二十不等。画好棋格后，随地找些豆子、小石子儿、小树枝段做棋子。两人把棋子往自己边底端的棋格上放好，每格上方一颗子，棋子可直进直退，可直左直右，遇着别的棋子时不能跳过去。把对方的一子、二子甚至更多的子，用自己的两颗子夹住，算是吃掉了中间被夹住的棋子，并把死子拿走。由于方便，可玩性又大，这种棋无论大人小孩都喜欢玩，寨里家里或田边地脚都有人玩儿。

第六章 崇尚自然的宗教信仰

哈尼族宗教，作为一种自然宗教而存在，以自然崇拜为其基本特征，把自然物和自然力本身视为与人一样具有生命、意志和巨大威力的神圣存在。因而对其产生敬畏和依赖之感，视其为信仰对象而加以敬拜或祈求，比较多地保留了原始宗教的早期和中期的各种形式。

神灵体系

哈尼族的神灵体系中，有天界、地界和地下三个神灵体系。

天界神灵

哈尼族认为天上充满生机和活力，生存着人们赖于仰靠的各种神灵。天界自然物神灵主要是日月和星辰，具有超自然的意义。

哈尼人认为太阳和人一样有思想有感情，是天上的主神或最高主宰，诞生天地的天地蛋是由日月孵抱出来的；月亮是太阳的从属物，也是对应物，月亮是恩神，哈尼族以月亮圆缺计日。每当日食或月食，哈尼人认为是天狗在吃月亮或太阳，预示着灾祸即将降临，于是哈尼人要用原始的围猎方法，鸣枪并敲响锣鼓、锅、盆等物，以示驱赶天狗放开太阳或月亮。星辰是小于日月的崇拜物，认为一颗星代表一个人，地上有多少人，天上有多少星；星星与人类的生命息息相关，当一个人在天上的代表星陨落了，这人就会死去。

天界自然现象神灵主要有风、雨、雷、闪电等，这些自然现象被赋予了超自然的意义。风是恶神，是由天边的某怪物呼吸造成的，当风毁坏房屋，刮倒树木、庄稼时，便要请巫师举行相应的仪式，如在村旁杀一只鸡祭祀，以讨好风神，求其保佑庄稼房屋。雨在哈尼人心目中，既是善神又是恶神，生产生活离不开雨，而雨又会造成灾害，因此在哈尼族的宗教活动中，求雨和止雨的仪式同时并存。哈尼族认为打雷是管雷的天神在天上击鼓或拉牛皮所至，哈尼族要以家庭为单位做汤圆祭雷神，一般在开春第一次打雷的那天举行。哈尼族认为闪电是天边一怪魔眨眼所致。

天界抽象神主要有职能神、破坏神和综合神三种。职能神如谷物种仙女、婚姻神、天匠、艺术神等；破坏神有烟沙、沙拉神及与此二神对抗并扑灭火球的咪戳神等；综合神主要有俄和、莫米神。

地界神灵

地界的神灵主要有个人崇拜的灵物、家庭崇拜的神灵、家族崇拜的神灵、村社崇拜的神灵、野外神灵等。

个人崇拜的神灵 主要是各式各样的灵物。根据不同的功能或特征，可归类为巨型动物肢体的某部分如虎、象等的骨、蹄、牙等，人们只要挂在身上，这些部件犹如动物活着时力大无比，同样可以镇服危及人身的各种邪气。一些特定动物的毛，如狗、猫的毛，哈尼族认为狗、猫等动物具有特殊的驱邪作用，父母带小孩出远门，会把狗毛、猫毛缝入小布袋拴在小孩的帽子上。哈尼人还把各种植物的刺放在背箩里，把黑白相间的线拴在手腕上或把姜拴于小孩帽子上，以驱邪或护魂。

在灶前祭祀

家庭崇拜的神灵 一般固定供奉在房屋的某一特定位置。祖先，一般供奉在家长卧室的床头，以一棵房柱做标志，也有的以竹片、竹钉或在上面放一块木板做标志；土地神，位置在堂屋中间的柱子上；火塘神，哈尼族家长卧室有个火塘，火塘前立一块石头，就是火塘神；门神，堂屋和外屋都供奉门神，外屋门头要拴挂刺枝、蜂蛹壳、彩色玉米等物拒鬼驱邪，建新房时外屋门头要拴挂装有谷子、荞子的布袋，表示迎财进宝；工具灵物，哈尼族还把犁、耙、锄、猎枪、筛子、簸箕、饭桌、磨、碓、织机、谷船等都视为灵物，逢年过节要插上特定的植物叶子如栗树叶、松树叶以示献祭；野外家庭崇拜，要在自家田地和水源以及田棚等进行崇拜献祭。

家族崇拜的神灵 主要有植物图腾、动物图腾、墓地崇拜等。植物图腾，六月年和十月年都要在每家门口立一树枝，作为下凡到村寨过节的节日之神俄最石批歇脚处；不同的家族使用不同种类的树枝，其中使用栗树枝、松树枝的家族最为普遍；说明哈尼族的植物崇拜历史悠久，以致一个古老的家族分化为更多家族后，仍然崇拜着同一种象征的植物。动物图腾，哈尼族有的家庭忌食狗肉，据传家族的一个始祖婴儿时父母双亡，被一只母狗喂养，繁衍后代，家族重新昌盛，从此家族便不再食狗肉。这些家族包括不同姓的人，但他们认为互相之间关系较为密切。墓地崇拜，哈尼族家族有自己的共同墓地，每年一次或几年一次共同筹资去上坟。

村社崇拜的神灵 最主要的有昂玛神、咪松神、迷神、老扛神、合罗神、等龙神、磨秋和秋千、村寨驱邪处和村寨灵物等。昂玛神，在哈尼族宗教中具有特殊地位，被视为每个哈尼族村寨师祖，成为哈尼族信仰崇拜的祖先神，是哈尼人为保护村寨的安康、发展而塑造的保护神，既是村寨精神力量及生命之源，也是村寨五谷、六畜之源。咪松神，即土地守护神，有的供奉在昂玛林里，有的供奉在寨中。迷神，是镇火神，一般供奉在村寨下方，以一棵树为标志。老扛神，是寨门神。合罗神，即专门管水槽、水井的神。等龙神，即田里粮食增产之神。磨秋和秋千，哈尼兄妹俩骑磨秋上天说服太阳、月亮轮流出没，但兄妹俩被日月烤死和冻死，为了纪念兄妹俩，十月年和六月年要立磨秋；哈尼人被动物告到天庭，开垦梯田伤害了蚂蚁、蚯蚓、泥鳅、黄鳝等动物，天神为了对动物有所交代，要哈尼人在年节打秋千，以示被上吊惩罚。

野外神灵 哈尼人认为村寨以外是广阔而神秘的世界，有高山森林大鬼、曹和数不清的野外精灵，高山森林大鬼主宰陆地，常以一棵大树或一块巨石为崇拜某座山或某片森林的标识；曹（精灵）生活在各式各样的水塘、河流和有溪流的山洞、大岩石下；大地上充满飘荡不定的随时会加害于人的鬼怪，它们有时从野外闯入村寨甚至家中，造成大量的人畜疾病，需要举行各式各样的赶鬼仪式驱逐它们。

地下神灵

哈尼族称龙为“卑荣”，生活在池塘、河水、泉眼之中，是水界之神，是地面水界的主宰。地下神灵的最高神欧罗，哈尼族一方面认为它主宰着人间的粮食和畜群乃至于人，另一方面它又剥削乃至喜欢伤害人类。一切水界动物是欧罗的子孙、兵将或其奴仆，人们又怕又恨，认为它是人们赖以生存的财富的来源，又是夺走生命、拿取青壮年灵魂的恶神。

自然崇拜

哈尼族把自然物和自然力视作具有生命、意志和伟大能力的对象而加以崇拜，尚未形成明确的超自然体的观念，但已开始具

在梯田间精心选择长得最好的稻谷作为稻魂的载体

有将自然物和自然力超自然化的倾向。对自然事物和现象的直接崇拜，是基于哈尼族认为这些事物本身具有灵性或有威力的思想基础。处于这种状态的崇拜有灵物崇拜、山林崇拜、动物崇拜、植物崇拜、石头崇拜、日月崇拜等。

灵物崇拜

如铓鼓和蜂巢、玉米崇拜。

铓鼓崇拜 铓是代表谷子的饱满，鼓是代表谷子粒多，铓鼓舞是祈祷庄稼饱满、粮食丰收或庆贺节日喜事的一种主要活动。铓鼓是有灵性之物，制铓鼓时，要有摩批主持举行祭拜仪式，此后每逢过节，在祭拜诸神的同时要祭拜铓鼓神灵，以期驱邪避灾，祈求福禄。

蜂巢、玉米崇拜 哈尼族人家房门头上经常悬挂蜂巢、杂色玉米蜂，因为巢蜂眼多得数不清，专门作祟于人的凶鬼一旦来到门口，看见蜂巢就会数蜂眼，左数右数数不清，多色或红色玉米很漂亮，但鬼则认为很恐怖，到公鸡报晓时怕白昼的凶鬼就会离去。因此，每逢灾祸年月或家有病者，或生小孩，均取蜂巢挂在大门头上。每当夜晚出山烧蜂子回村时，要将几块空蜂巢丢在村外路口，意将凶鬼滞留在外。

山林崇拜

哈尼人世代生活在山里，山上栽麦子种苞谷，山下修造梯田。他们认为山神是地上诸神中最大的神灵之一，世间的风雨、人类、庄稼、牲畜和山中的飞禽走兽均有山神主宰，人若敬奉它，它就会降福于人，对人起保护作用；人若失敬它，它就会降灾祸于人，对人进行惩罚。因此，他们以村为单位或数村一起需在居住区域内选择一座最高大的山，每年分别于农历六月前祭祀山神，祈求山神保佑庄稼丰收、牲畜兴旺、寨民安康。出山打猎前，要鸣放火药枪举行祭山仪式，祈求山神放出野物保佑猎获。一旦猎获回归时，又要作祭一次，表示对山神的谢意。

动物崇拜

崇拜对象丰富多样，以直观方式崇拜的动物主要是那些野外体积大的动物，如虎、蟒蛇、大象、熊、鹰等，也有和生活关系密切的燕子、狗等动物。

虎崇拜 哈尼族认为真正的老虎是保护人类的，将老虎同寨神一样视作护寨神，在寨神树下方盖一间简易竹瓦房，里面供奉一雌一雄两只石虎，每到正月就要杀一只红公鸡祭献。民间故事说：古时候，有个母亲一胎生下七个儿女，大儿子变成老虎向森林中跑去了，二儿子变成老鹰朝天空中飞去了，三儿子变成龙钻进水里去了，其余的孩子分别变成了豹子、野猪、老熊、树木、花草等。

蛇崇拜 哈尼族认为蛇是悬崖、江河、龙潭、高山、村寨等的神灵，是某种自然神灵的化身，或是某个自然神灵饲养的神物；特别害怕和崇拜大黑蛇、灰蛇和响尾蛇。平时在山上碰到大蛇不轻易伤害，嘴里还要念“各走各的路”，示意蛇让路；如果出门时碰到蛇拦路，认为是不吉利；蛇进入房屋，认为是神灵特来要祭品，就迅速点燃香火，以酒、茶、食品祭献，直到大蛇离去。

狗崇拜 传说五谷绝种之时，是狗找回谷种来繁殖的；古时候，一部分哈尼族的祖先是吃狗奶长大的，后辈为了感激狗的哺育之恩，把狗奶作为自己部族的姓氏。这部分哈尼族忌吃狗肉，即使少数人要吃狗肉，也不拿到家里来，必须到村边寨旁僻静的地方煮吃。尝新节，新米饭先喂狗之后，人们才能吃新米饭。他们养狗的目的是狩猎、护家，一直养到老死，最后把它埋起来。

牛崇拜 哈尼族认为牛是创造天地的神物，平日倍加爱惜，并专为其设置节典“牛纳纳”，意为“牛歇气”，把农历五月端午节过后一天，定为牛休息的日子，以表示对辛苦了一个春耕的牛的敬意；届时以鸡丝、肉汤拌糯米饭喂牛，用紫兰泽草煮出紫色水为牛洗脸擦身，以洗掉一春的劳碌

◀ 供品喂耕牛

疲惫。这时春耕农忙已过，就把牛赶到山林里长时间放养。

植物崇拜

哈尼族对树木有多种形式的崇拜，传说哈尼始祖在洪水滔天时，钻进葫芦随水漂流，洪水退时被树挡住得救，故将树视为神林祭拜。哈尼族从建村立寨之时，就非常注重栽培村寨周围的树木，视村寨旁的树木为围墙，阻拦灾难、邪恶、瘟疫进村；还认为村子周围树好水好，儿女才会长得聪明漂亮，寨边的古木枝丫垂地，意味着寨中人人寿长久，这种树木如果枯死，全寨要举行忌日致哀。每当患病时认为触犯了树神，需以酒、鸡或蛋、糯米饭作祭，祈求谢罪。哈尼族认为树具有与人同等意义的生命，不能随意伤害，在砍树时，首先需用斧头或砍刀轻轻敲三下树身，口念“砍树不是从我开始”，以求得到树神的谅解。

祭寨神树

祭祀“圣自莫树”仪式

石头崇拜

哈尼族传统观念认为，较大的石岩、石头是神灵怪兽居住的场所和神灵鬼怪的化身。人若诚心敬之，可得其保佑，人若失敬，可受其惩罚受祸殃。因此，哈尼人每当遭受灾祸时，特别是人患重病时就要请摩批（祭师）做法事祭献，祈求石神宽恕。有的村寨把圆滑杵状形的石头作为男性生殖器官崇拜，置于护寨神林中，每年的“昂玛突”祭献，祈求村寨多多繁衍子孙后代。

日月崇拜

哈尼族群众对太阳赋予崇高的崇拜心理。认为太阳、月亮和人一样有人格、能思想、会害怕，是法力无边的天神。哈尼传说，世间原有九个太阳，大地热浪滚滚，使人难以生存；被俄普浦罗射落八个太阳后，留下的一个太阳躲到山背后不出来，最后太阳被鸡真诚的呼叫所感动，正常地升落，给人类以光明和温暖。

火崇拜

按照古老的习俗，哈尼族作为屋内火种的火塘，要求永不熄灭；平时禁跨火塘，禁踏锅桩石；每年风高物燥易发火灾时，要忌日祭火神。每年“矻扎扎”节时，要点燃火把插于门外，举行祭献仪式，以火把驱邪祈福；夜间行路即使有电筒照明，也要象征性地带一火把或火柴火，以辟邪禳灾。

水崇拜

水与哈尼族的生产生活关系十分密切。哈尼族认为也有司水的水神，世间的水统一由水神主宰。水神不仅能降福于人也能降祸于人，只有采取祭祀的方式取悦水神，水神才会保护人类。对水的崇拜集中反映在各村社都重视水塘、水井、龙潭的祭祀上。在水稻栽培区，每年还有举行水沟、水田的祭祀活动，祈求水神保护水源灌田用水充足，稻谷丰收。

魂灵崇拜

在哈尼族的宗教观念中，没有把神灵崇拜和自然崇拜之间分得很清，在大多数时候，这二者都是互相交织的，它们之间最大的相似处，便是其中自始至终都同样贯穿着“灵魂永远不泯”的观念。认为一个人身上共有十二个魂，共同担负着使人体平安康泰的职责，不管缺失了其中的哪一个或是哪一个受到了损伤，身体都会感到不舒服，一旦缺的个数多了，就会生大病甚至死亡。哈尼人认为不仅人有“灵魂”，连家庭、家禽家畜和五谷也有“灵魂”。为使“家魂”不丧失，每一个成员的十二个“魂”时刻完整地围绕于身边或附于体内，以确保家庭的兴旺发达和人体的安康，各户哈尼人家每年都要定期为家庭及其成员“招魂”一次，招“家魂”称作“俄拉枯”，招人“魂”谓之“约拉枯”。不同年龄的男女分别举行不同的招“魂”仪式。为此，哈尼族依据失魂的地点、方式及原因，形成了一套完整的招魂、保魂和固魂习俗。有的叫魂活动有摩批主持，有固定名称和祭品。范围也由一开始的只给人叫魂延伸到了家庭、寨子遭遇什么祸事甚至谷物、家禽家畜等遭瘟疫和自然灾害，都要举行定期或不定期的叫魂活动。这些叫魂活动有例如“等拉枯”（叫游荡野外魂），“惹则扎”（续命魂），“苏拉枯”（泛指叫魂），“永拉拉米米”（为落魄阴间的人招魂附体），“合拉枯”（叫家庭魂），“普拉枯”（叫寨子魂），“康拉枯”（叫谷物魂），“则拉枯”（叫牲畜魂）等。

祖先崇拜

哈尼族的祖先崇拜较为集中地表现在老人去世时的葬礼和过年时的祭祖活动中。哈尼人认为老人去世，经过完整的丧礼活动之后，其灵魂逐渐变为祖先神，而且能福佑自家的后辈儿孙。哈尼人虔诚地崇拜祖先，但无偶像。每个家庭里都设置了二至三处祭献祖先的神龛。一是火塘上方的“火炕”；二是堂屋的左角处；三是堂屋门左边墙壁上，搭成一个小平台。这就是哈尼族祭祀祖先的神圣地方。神龛的设置，是一件严肃认真的事情。当新房落成，弟兄分家另起炉灶的时候，就必须在新居里安放神龛。安放是必须择吉日，杀鸡、蒸糯米饭祭献。这块篱笆要请自家的舅舅或寨中有名、为人厚道的师傅来编织。一年之中，哈尼人要过八九个节日，如二月祭寨神；六月间的“矻扎扎”；十月间的“扎勒特”等。哈尼人认为，过年节的时候，祖先的神灵回到家里来，接受子孙对他们的祭奉。因此，每当过节时都要祭献祖先，以示对祖先的崇拜。

祭祀活动

哈尼族的生产生活以农耕为主，所以自然崇拜在农业祭祀中表现得尤为突出，在强大的自然界面前，哈尼族认为农事生产的丰歉都是由神灵在支配，只有为各种自然力举行多样的祭祀礼仪活动，给其供奉敬献丰厚的牺牲和食品，各种农作物才能获得丰收。农业祭祀活动，是哈尼族宗教祭祀中不可缺少的一部分，而且活动十分频繁。例如每年的祭寨神、六月年、十月年、开秧门、祭山神、黄饭节、尝新节、叫谷魂、祭仓神等都以祭祀为活动重点。这些祭祀活动，无论是摩批举行的抑或是家庭自己举行的，都体现了哈尼族向往丰衣足食生活的美好心愿。今天，有些农业祭祀活动已经成为哈尼族的固定节日。

▲

咪谷们去神林

昂玛突（普玛突、昂玛奥）

主要是祭寨神。寨神林，哈尼语叫“昂玛昂丛”，每个哈尼族村寨上方，都有寨神居住的树林，其中一棵挺拔、苍劲、最大而又古老的主树是寨神的化身。昂玛突，汉译为“祭寨神”，是哈尼族以村社为单位的神灵祭祀与农耕祭祀相结合的一年一度的

知识链接 **祭寨神林** 2010年，经国务院批准列入第三批国家级非物质文化遗产名录。是哈尼族聚居地区的民间传统节日。通过一年一度的祭祀活动，祈祷哈尼梯田农业丰收；保佑村寨人丁兴旺、逢凶化吉、清静自然、人神沟通；传承哈尼传统生产生活、美德、歌舞知识技艺；歌颂哈尼民族心灵才智、美好道德；宣传、展示当地哈尼人民文化。祭寨神林传承谱系十分复杂，传承人要求条件相当严格，必须是德高望重，夫妻双全，有儿有女，家庭和睦，无违纪行为。代表性传承人是元阳县新街镇土锅寨村委会大鱼塘村村民卢文学，其家从曾祖父开始便是主持祭寨神林的祭司（哈尼语：咪谷）。

▲

咪谷摆放供品

隆重节日。活动的时间与建寨之日选定神林、神树的日期有关，一般是每年农历二月逢属牛或虎日，每个村寨都要到寨神林祭祀，为期3~5天。祭祀的第一天，全寨忌日，不事生产，早上家家户户舂糯米粑粑祭献；中午由咪谷（寨子的头人）带着人们赶着猪，提着鸡等到寨神树下，把猪、鸡杀好，将鸡和部分猪肉煮熟后敬献寨神；其余的猪肉，按户平分，各自拿回家进行祭献。祭期，小孩们打陀螺，年轻人跳舞作乐，或者到寨外串山游玩，对歌找恋人。近年来许多地区增加了文艺节目的内容，充满了节日的气氛。

十月年祭祀活动

以家庭为单位举行，以祭祀祖先神灵为内容。全村在磨秋场杀一头全寨共用的肥猪，各户来一名男子帮助处理猪毛、整理内脏、户均分肉等工作。剖腹后将猪肝放进大碗中供在秋房里的供台上，后由大咪谷看猪肝卦卜预测来年的吉凶，把分离下来的猪下颌骨在秋房里与旧下颌骨挂在一起。同时，各户主妇到特定的水井抬新水。猪肉按户均分割完，各户以特制的篾箩取一分带回家中煮熟后祭祖。一般由男性长者主持，有的地方也有女性长者主持。主要供品为猪肉、鸡肉、糯米粑粑、汤圆、茶水、酒，任何一次摆放供品的顺序都是筷子、茶水、酒、肉类、饭或糯食。任何一种供品先由主持祭祀者象征性地品尝，然后家人逐一品尝，其意义均得到祖先神灵的护佑。有的地方，在大年初一以汤圆祭祖完毕后，在人们未食之前，取少许汤圆喂牛，对耕牛一年来与人同甘共苦的梯田农耕表示慰劳。

六月年祭祀活动

主要是祭天神、祭祖和祭磨秋、秋千。各家各户要杀鸡祭献天神；要把松树尖、茎菜、乌山草、黄豆苗装在竹筒里做天神的马料挂在门头上，并将一升谷子供在火塘上方悬挂的神龛上，以作为天神的马饲料。各家各户要拿一对公鸡和母鸡到自家田里水源口宰杀，以鸡血和几根野毛祭献后带回家中煮熟后祭祖。立磨秋有立桩等仪式，在洞底放鸭子脚爪、3颗小白石子儿，让秋桩立起来稳固。磨秋立好后，各户要尾随咪谷出发到秋场祭献，供品摆在篾桌上抬到磨秋桩脚。大咪谷扶着磨秋一端转9圈，然后来回打秋千9次。祭祀完毕后，大家可以随意骑磨秋、打秋千了。

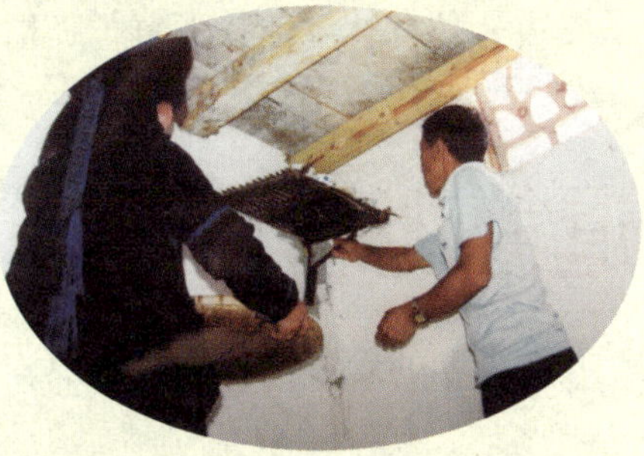

◀ 祭祖

◀ 祭磨秋

莫昂纳（仰昂纳）

意为息活计，主要是祭祖和祭献牛、水源、生产工具。全村杀一头肥猪户均分配做主要祭品。每户以茶、酒、鸡肉、紫糯饭祭祖，后将供品搬至畜厩门口对牛进行祭献，并各取少量供品喂牛，表示对耕牛春播的慰劳，再到屋外悬挂犁、耙的地方对其祭献。各家要在自家田入水口处祭水源，要宰杀公鸡和母鸡各1只，以树枝叶在水源入口处搭一祭台，祭献茶、酒、米及1个鸡蛋、1碗盐、9颗小白石子儿。这一天人们还要到田边地脚、菜园子周边、私有林等地栽下竹子、桤木、五眼果等树。

道德观念

在长期的发展过程中，哈尼族都形成了自己的道德观。

老人先尝

哈尼语有一句话叫“搓莫扎本”，意为“长老先尝”。为哈尼族社会尊敬老人的美德之一。在同一家族或每个小家庭中，谁家进行祭祖、祭神、叫魂等活动，都要把本家族中最年长的老人请

尊敬老人 ▶

来。如果族老是女性，就改成用餐前把最好的部分食物用碗端去给老人。逢年过节时，每个家庭都得在饭前把族老请来祝福，并让他（她）先尝，然后，其他人才能吃。如果老人来不了，也要把最好的食物先用碗端给他们，表示对族老的孝敬。当然这种风俗，既是表达对老人的尊敬，也是维系一个家族的重要标志之一。哈尼语还有一句话叫“达玛扎本”，意为“父母先尝”。如果家里没有爷爷奶奶或者本家族也没有其他比自己父母大的长辈，如果家里杀鸡、鸭、猪或得到什么好吃的食物时，作为赡养父母的儿子，总是先让父母品尝并祝福一番之后，然后家里的其他成员才可以吃。就是自己独立生活的子女，家里过节或有了好吃的东西，也要请父母来祝福和先吃。如果父母来不了，则用碗把食物中最好的部分先端去给父母吃，表示对父母的尊敬。这也是哈尼族社会敬老的一种美德。

赡养老人

哈尼族地区很少有不愿赡养老人的，哈尼族社会赡养老人有自己比较独特的方式。当父母把自己的子女养育成人后，几兄弟分家。假如这个家庭里有3个或更多的儿子，父母一般是在大儿子家或者在小儿子家度过自己的晚年。作为最大的和最小的儿子，根据父母的意愿，必须毫无怨言地承担赡养父母的职责。当父母年老体弱多病时，往往跟大儿子一起生活，老大逐渐行使父亲的部分职责，一旦父亲故去就做小家族的族长。当小儿子年幼无生产经验，需要靠父母指导时，老人就跟小儿子生活在一起。父母视具体情况，可以在大儿子和小儿子两家之间变换居住。

儿子在家要礼貌待人

哈尼族儿子在家庭中有一些必须遵守的事项：大儿子在父母面前说话嗓门儿要小；儿子们不能抢在父亲前面抓起水烟筒抽烟；几兄弟不论共商什么大小事，至少要先向父母征求意见；不能当着父母面打自己的老婆，否则不仅会让父母生气，而且更会令父母心寒，因为这是最没有家教的行为表现；不能当着父母面直呼自己老婆的名字，这对他老婆是最不尊重的表现，对她人格的最大侮辱，比任何最难听的辱骂所造成的伤害都还要大，她的

哈尼族老人

自尊心会受到极度的伤害和刺激。父母去世时，子女都要在场。老人临终要断气时大儿子用左手拉着袖子接过最后一口气，认为这样做就接过来福气，老人会把福分留给后代，因而老人临终无儿子在场接气被认为不吉利，不利于日后的家道兴旺。这些习俗既是对老人的尊敬，又是要求同辈之间也要互相尊重。

不谋非我之物

在哈尼人家几乎看不到门上上锁，外屋大门的背面倒有门闩，为晚上睡前从里关门之用；哈尼人外出或到山里田间劳作，只是把大门从外面掩上，从来不兴上锁，也不担心家里的东西遗失。来往路过的人和串门者，进屋前先在门口大喊一声："家里有人吗?"若有应声就进去，屋里没有人就不进去。过去，每年收获的稻谷、玉米及其他果实，也长期堆放在远离寨子的地棚、田棚的"仓库"里，从没有人守护；饲养在田间地棚里的鸡、鸭等，只要晚上收工时把它们关好，早上出工时把它们放出来就行了，不必担心被偷盗。当在山上发现一块肥沃的荒地而来不及开垦时，先发现者只需要在荒地的四周象征性地砍倒几片草木，就表明这块土地已经有了主人，其他后来的开垦者就会到别处去寻找。如果在深山老林里找到一棵好木材，有意将来砍取，只需在树上砍个“×”记号，就不会有第二个人来砍这棵树。

尊重妇女

哈尼族有敬妇心理，推崇妇女在社会生活中的特殊地位和作用。谷仓里的谷子，只能女主人去撮；一家人同桌进餐时，要让女主人先吃，其他人才能吃；妇女织布用的纱线，男子都严禁跨过去；妇女身上要经常佩戴银片和银手镯等银饰品，唯其如此家里才会财源不断、家道兴旺；夫妻故去同葬一块地时，妻子要埋在丈夫的右边，哈尼族认为右为大、为长。这是哈尼族原始宗教中母性崇拜的影响所致。

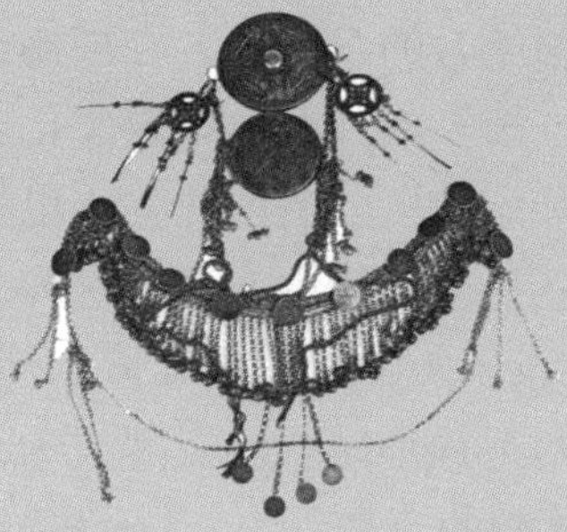

第七章 独具魅力的名胜风光

云南省依托旅游资源丰富的独特优势，以“旅游强省”为目标，明确要把云南建设成为国内一流、国际著名的旅游目的地和面向西南开放的国际性区域旅游集散地。哈尼族地区具有丰富的旅游资源，其旅游目的地可由不同种类和风格组合，能满足旅游消费多元化的需求，发展旅游业潜力巨大，前景广阔。

云南旅游发展新亮点

云南哈尼族聚居地区，是神奇美丽的地方，发展旅游业潜力巨大、前景广阔。有雄伟壮丽的山川地貌，古老悠久的历史文化遗存，各具特色的多民族文化，丰富独特的动植物群落；优越的区位，使这一地区成为中国大陆联结东南亚、南亚的桥梁，成为各种文化的交汇点，形成旅游资源组合的多样性。在构建云南旅游发展格局中，做强昆（明）玉（溪）红（河）旅游文化产业经济带，滇西南澜沧江—湄公河国际旅游区、滇西北香格里拉生态旅游区等六区，构建昆明—曼谷、昆明—河内、昆明—仰光、昆明—文山—北部湾—“珠三角”等多条旅游经济廊道，使红河、普洱、西双版纳、玉溪等州市的哈尼族地区旅游发展成为云南旅游发展战略的重要部分，是云南旅游的新亮点。

红河哈尼族彝族自治州自然风光、民族风情、人文历史旅游

哈尼梯田

资源优势明显，是云南旅游起步较早的地区之一。哈尼梯田是红河旅游的第一品牌。红河哈尼梯田把民族和文化、自然和历史、生态、集镇和乡村这些要素聚集在一起，内涵非常丰富。“申遗”成功后，红河州把擦亮千年哈尼梯田品牌，构建红河国际旅游文化走廊，作为旅游发展的目标和重点。普洱市是云南新兴旅游区。普洱重点打造了墨江、宁洱、思茅三县区相连的昆曼大通道沿线旅游和澜沧、西盟、孟连互为支撑的“普洱绿三角”等旅游产品，推出北回归线游、茶马古道游等旅游线路。西双版纳傣族自治州是中国最早开发旅游业的民族地区之一，是全国乃至全世界知名度非常高的一个旅游目的地。西双版纳着力培育生态观光、民族文化体验、休闲度假、康体运动、会展商务、科考探险、跨境旅游及自驾车旅游等八大旅游产品。玉溪地处滇中腹地，具有深厚的历史文化底蕴和丰富的旅游文化资源，玉溪旅游西线以新平、峨山、元江、易门为线路，突出自然生态及哈尼等少数民族风情文化旅游为重点。

旅游资源的多样组合

红河、普洱、玉溪、西双版纳山水相连，旅游资源丰富，类型齐全、特色突出，有共同打造特色旅游产品的优势；区域性旅游合作一体化进程加快，以不同旅游目的地的开发为基础，将形成不同种类和风格的旅游线路组合。

绿色的自然和人文景观组合

红河、普洱、西双版纳、玉溪及周边地区是北回归线上规模最大的绿洲，孕育了丰富的北回归线文化，是领略北回归线上绿色自然和人文景观的理想之地。哀牢山、无量山等自然保护区和红河、澜沧江江河风光紧密结合，城市景观和自然山水完美结合，边地迥异的自然风光与独特的口岸通道文化有机结合。宁洱县民族团结誓词碑及民族团结园，生动再现了哈尼等各民族团结奋进、共生共荣的真实历史；墨江哈尼族自治县西岐村64 000多株被称为“植物活化石”的恐龙食物中华桫椤，集中连片上万亩；北回归线贯穿墨江县城而过，北回归线标志园是目前世界上规模最大、天文地理与绿色生态文化融合的北回归线文化主题公园；因县城附近生活着数百对双胞胎，墨江被誉为“双胞胎之乡”。

▲

梯田如画

壮美的哈尼梯田文化组合

哈尼梯田规模宏大，分布在整个哈尼族地区。哈尼族现耕种梯田面积134万亩，其中红河哈尼族彝族自治州有89.98万亩，普洱市有36万亩，玉溪市约有9万亩，西双版纳哈尼族聚居区也有梯田分布。各地哈尼梯田景观，因地势状况、气候条件、水源分布、生态环境差异、开垦规模和海拔高差的不同，形成了神奇、壮观、险峻、秀美等迥然有异的特色。梯田与地势地貌、生态环境、民族建筑的完美结合，又创造了独特的融梯田景观、气象景观、民族民居建筑、森林生态景观和丰富多彩的民族风情文化于一体的综合景观，展现了人与自然相融合的梯田景观艺术的巧夺天工，是自然景观和人文创造力的完美结合。

▲

茶马古道上的马帮

丰富的普洱茶文化组合

哈尼族地区发展普洱茶的历史悠久，茶与城（镇、村）交相辉映是其独特景观。思茅城区连片的现代茶园覆盖了城中和周边数十座山丘，景东、镇沅、澜沧、宁洱、江城、墨江、勐海、勐腊、景洪等地遍布集中连片的野生古茶树、栽培型古茶林和古茶园。历史

古茶树和哈尼族采茶姑娘 ▶

上，以思茅、宁洱、勐海为普洱茶加工集散中心衍生出了5条茶马古道，其中由宁洱出境到昆明的东北路茶马古道，是目前保存最为完好、内容最为丰富的一条茶马古道，由江城出境到越南莱州、河内的东南路茶马古道是唯一一条经水道出境的茶马古道。哈尼族地区有普洱茶生产加工企业数百家，有全国普洱茶检测中心和多家普洱茶交易广场，集普洱茶销售品饮为一体的茶庄茶店上千家。建在营盘山万亩茶园中的中华普洱茶博览苑，是全球规模最大的普洱茶博览苑，是普洱茶文化展示最为完整的“普洱茶大观园”。

独特的哈尼等少民族文化组合

红河、普洱、西双版纳、玉溪等州市少数民族人口占总人口的60%以上，其中以哈尼族人口较多、分布较广。哈尼等少数民族保持了各自独特的语言、服饰、建筑、歌舞及饮食、婚丧等习俗，逐步形成了以哈尼族为主体的崇尚自然、善待环境、人与自然和谐相处的民族文化。各民族善待自然，构建了村寨与山林和谐共存的生态格局，十月年、六月年、嘎汤帕节、长街古宴、太阳节、双胞胎节、火把节、中越老三国丢包节等民族节庆活动，已成为集全民参与性和娱乐狂欢性为一体的旅游节日。元阳、勐海、绿春、墨江的哈尼族博物馆、文化展示中心初具规模，现存的哈尼族蘑菇房、土掌房和为男女谈恋爱提供场所的“封火楼”“姑娘楼”，以及稻田拔河比赛、双龙烧烤城、哈尼族传统服饰、哈尼族民间工艺品等一大批旅游产品，具有独具特色的魅力。

墨江哈尼太阳节狂欢

大田拿鱼是墨江太阳节的娱乐活动

自然景观

西双版纳国家级风景名胜区

包括景洪、勐海、勐腊三片区，共有19个风景区、800多个景点，总面积1 202.13平方公里。有丰富迷人的热带、亚热带雨林、季雨林、沟谷雨林风光和珍稀动物，西双版纳植物园引种热带经济、野生、观赏植物1 500多种，是颇有特色的旅游景点。每年1月的哈尼族嘎汤帕节、4月的傣族泼水节以及绚丽多彩的民族文化、民族风情很有吸引力。

西双版纳热带雨林

普洱国家公园

位于思茅区太阳河，面积为35万亩，列为国家保护的珍贵植物22种，还有兰花品种150多种；有哺乳动物和鸟类200多种，属国家保护的野生动

普洱国家公园犀牛归隐

物有野牛、蜂猴、云豹、大灵猫、绿孔雀等20多种。主要有“犀牛归隐、猕猴乐土、鱼影溯溪、桫椤小径、嬉猿半岛、鱼鹰戏水、蝴蝶溪谷、旅行的小熊猫、嬉鸟乐园、兰花幽园”十大景点。

元阳观音山省级风景名胜区

由观音山片、麻栗寨河片和胜村—多依树游览线共41个景点组成，总面积97平方公里。以林海梯田、云雾、民族风情为特征，36万亩梯田层层叠叠，原始森林中有桫椤、长蕊木兰及蜂猴等珍稀动物25种和珍稀植物15种；同时景区还是元江、藤条江的重要水源涵养地。

景东漫湾—哀牢山省级风景名胜区

由漫湾、哀牢山杜鹃湖、无量山荒草岭、大朝山、锦屏、仙人寨等六片和安定至漫湾一线组成，面积160平方公里。景观以物种多样性、原始森林植被、珍禽异兽、奇花异卉、澜沧江大型电站、水库、造型地貌为主体，具有旅游观光、科研科考、探险登山等多功能价值。

墨江西岐桫椤林

位于墨江哈尼族自治县泗南江乡，有桫椤1万多亩6万多株，胸径最大的达30厘米，最高的有10多米；桫椤出现距今约3

墨江西岐桫椤林

亿多年前，被视为活化石，有“植物界大熊猫”的美誉，为国家一级重点保护植物。桫椤主要分布于世界少数低纬度的适宜生态环境里，主干高3~8米，叶顶生羽状，形如巨伞，树形优美。

▲

金平天生桥：地缝为界，左为越南、右为中国

金平中华蝴蝶谷

位于金平苗族瑶族傣族自治县马鞍底乡，已发现11科400余种蝴蝶，包括褐凤蝶、喙凤蝶、无尾黑凤蝶、猫斑绢粉蝶、距粉蝶等珍稀种类，超过被誉为中国蝴蝶谷——台湾的蝴蝶种类及数量，堪称“中华蝴蝶谷”。境内有以裂缝为国界的天生桥、标水岩瀑布、拉登河瀑布群、古茶树群、平河草地、哈尼梯田、哈尼蘑菇房等景点。

一脚踏三国的十层大山

江城县十层大山是我国用一座山峰把三个国家交汇在一个点的唯一地方。中、老、越三方共同勘定交汇点，并建立三国交界点界碑。界碑为三棱立体柱，三面分别朝向本国，一个界碑代表三个国家，是中国乃至世界界碑史上少有的奇观。站在这里，一脚就能踏到中老越三国的版图，能看到中老越三国不同的风景。

哈尼梯田景观

红河哈尼梯田国家湿地公园

位于红河南岸元阳、红河、绿春、金平4个县共8个片区，总面积820 000亩，是哈尼等各族人民历经上千年的开垦，创造出的梯田农业生态奇观；不仅为当地百姓提供了赖以生存的稻米和水产品，在调节气候、保水保土、防止滑坡、维护动植物多样性等方面发挥了重要的湿地功能。2007年，成为云南第一个国家湿地公园试点，在管理体系、科普宣教、社区共建共管、科研监测和生态旅游开展等方面取得了成效。2013年，国家林业局为红河哈尼梯田国家湿地公园授牌，成为全国32个正式授牌的国家湿

元阳箐口哈尼族民俗文化生态旅游村

地公园之一。2010年，网民推选“中国最惊艳的九个目的地”公布，云南元阳梯田名列其中。

元阳坝达梯田景区

包括箐口、全福庄、麻栗寨、主鲁等连片14 000多亩梯田，是观赏梯田、云海、村寨风光和体验哈尼族文化的中心地带；坝达梯田从海拔800米延伸到2 000米的高山之巅，哈尼村寨隐映在云海中，十分壮观；最佳观赏时间是晚霞撒满山谷、层层梯田金波荡漾的时候。

元阳老虎嘴梯田景区

包括勐品、硐浦、阿勐控、保山寨等连片7 000亩梯田，梯田组成了奔驰骏马、千年乌龟等图形，是元阳哈尼梯田最具有代表性的地方。1993年，著名制片商杨·拉马夫妻在梯田田棚里举行婚礼，拍摄了专题片《山岭的雕塑家》，盛赞哈尼梯田，被法国报刊评为“1993年度新发现的世界七大人文景观之一”。

元阳多依树梯田景区

包括多依树、爱春、大瓦遮等连片上万亩梯田。景区梯田三面临大山，一面坠入山谷，状如一个大海湾；常年云海缠绕，呈现出云海、梯田、山寨的奇丽风光，是观看日出最好的景点。

红河撒玛坝梯田景区

位于红河县宝华乡，明洪武年间，吴蚌颇率众开垦。从海拔400多米延伸至海拔1 800米，14 000亩共3 000多级梯田次第相连，是全国在一个视角点能将万亩梯田尽收眼底的唯一观赏区。梯田四周还有原始森林茂密的阿姆山清水河，自然风光的落恐尖山，民风民俗浓郁的龙甲哈尼族生态旅游示范村。

元江那诺梯田景区

位于元江哈尼族彝族傣族自治县那诺、羊街两乡，连片梯田有7 000多亩，是滇中唯一的以梯田景观著称的地方。那诺梯田入选云南省第七批省级文物保护单位，是玉溪市唯一的省级自然景观类文物保护单位。那诺、羊街哈尼民间的传统节日十月年、六月年、黄饭节等丰富多彩，哈尼特色餐饮、服饰、手工艺品等深受游客喜爱。

普洱茶文化景观

镇沅千家寨省级风景名胜区

位于镇沅县境东北角，由千家寨、湾河、者东三个片区和恩乐—水塘游览线共49个景点组成，总面积44平方公里。山雄、水美、林幽、物奇是景区的一大特点，主要有大小吊水瀑布、2 700年野生茶树王、茶马古道遗址、风雨桥等10余个景观，是崇尚自然、有氧运动、科考、探险、休闲度假、旅游观光的最佳之地。

思茅万亩茶园

普洱（宁洱）省级风景名胜区

位于宁洱哈尼族彝族自治县境内，由天壁山、松山、白草地三个片区和小黑江游览线，20个景点组成，总面积64平方公里。主要有天壁山、太乙洞溶洞群、松山林海、德安原始森林群落、白草地原始茶树林、古茶盐驿道遗址、哈尼等少数民族文化风情以及闻名中外的“普洱茶”文化节。

思茅茶马古道风景名胜区

位于思茅区境内。历史上，以马帮驮运普洱茶和其他产品的茶马古道有5条，思茅、宁洱等地的麻栗坡、那柯里、茶庵塘茶马古道遗址，现今仍保留着1 030公里，石头、石条、石板经历了数百年风雨，保留着几厘米深的马蹄印，沉淀着浑厚的茶文化历史底蕴。

勐海南糯山古茶园

位于勐海县东部，现存古茶园12 000亩，具有1 000多年悠久历史的古老茶山，著名的古茶树有1951年、2002年发现的栽培型“古茶树王”，树龄均达800多年。30多个哈尼族自然村落隐映在古茶林里，与山、水、古茶、森林、原生态的干栏式建筑群融为一体，哈尼族阿卡人能歌善舞，服饰鲜艳、美丽，节庆热闹隆重，别具特色。

宁洱困鹿山万亩古茶树群落

位于宁洱哈尼族彝族自治县宁洱镇宽宏村，分布着千年以上的野生型、过渡型、栽培型野生古茶树林群落，面积为10 122亩，可谓茶叶自然博物馆。其中属半栽培型茶树群落1 939亩，最大一棵树围达2.91米；有400余年的栽培型古茶树400多棵，是历史上皇家专用贡茶园。

宁洱那柯里茶马驿站

那柯里（马哭里）紧靠昆曼国际大通道，是现存较完好的茶马古道驿站，驿站占地70亩。生活着彝、哈尼等少数民族，保存有较完好的茶马古道遗址、百年荣发马店、风雨桥及马饮水石槽等历史遗物。历史上，那柯里是茶马古道上繁忙的驿站，马帮往来不断，客栈、马店林立，小桥流水，人欢马叫，十分热闹。

中华普洱茶博览苑

位于思茅区营盘山2.3万亩茶园之中，与莱阳河国家森林公园毗邻，国家AAA级景区。由问茶楼、采茶体验区、普洱茶博物馆、民族村寨等景点组成，是最大的普洱茶主题公园。可参与采茶活动，参观、体验普洱茶的加工制作过程，体验哈尼等少数民族民俗风情，观看少数民族茶文化、茶艺表演。

古镇古村景观

红河迤萨马帮古镇

是云南第二大侨乡，完整保留古民居建筑近百幢，东门楼及马帮驿馆、中西合璧民居群及迷宫大院等11幢古老民居组成迤萨民居建筑群，被国务院公布为重点文物保护单位。清朝、民国年间，马帮把日用百货运到老挝、越南、缅甸等地，再运回药材山货，富裕起来后建盖四合院瓦楼房和中西合璧式楼房，雕梁画栋，飞檐斗角，古朴美观。

红河迤萨马帮古镇

墨江碧溪古镇

明清以来，是茶马古道上重要、繁华的驿站，当地大部分

墨江碧溪古镇

居民主要以为马帮提供食宿和出售马料、马掌、马鞍、马钉、草鞋和百货等为生，铺着青石板的街道和石板上留下斑斑马蹄印痕，真实地记录着当年古镇的喧嚣与繁华。现多为哈尼族各支系与汉族杂居，形成哈尼族懂汉语，汉族通哈尼语的良好交融局面。

宁洱磨黑古镇

磨黑古镇是茶马古道上的重要驿站，历史上马帮客商进进出出，热闹非凡。早在汉代开采盐矿，元、明、清时代设盐政，因盐茶商贸而成为思普地区的政治、经济、文化活动中心。随着贸易的日趋频繁，磨黑汲取和融合了各地、各民族优秀文化，形成了独具特色的建筑、人文、饮食和民族民间文化。是云南省历史文化名镇和云南省特色旅游小镇。

红河甲寅长街古宴

红河甲寅古村

红河县甲寅乡甲寅寨有哈尼族人口6 500人，是世界上最大的纯哈尼山寨。一年一度上千桌的哈尼长街宴和乐作舞、竹板舞等早已蜚声省内外；十二龙泉长年清泉长流不断，雄伟壮观的历

红河县甲寅乡作夫村

史建筑文星阁、瓦渣土司衙门遗址，甲寅后山水库风景，老博“阿波罗陀”的山泉瀑布，1 000多年历史的作夫民族特色村，都使游人流连忘返。

红河阿扎河歌舞之乡

是哈尼族多声部和乐作舞的发源地，垤施洛盂的歌舞组曲、神奇的传说故事、神秘的贝玛文化和各具风味的民俗节仪等，引起国内外专家学者的极大关注。种植棕榈历史悠久，全乡棕榈面积达50 000多亩，为全国有名的棕榈之乡。主要景点有万亩棕榈、民族歌舞观赏和体验、万人长街歌舞节。

红河大羊街哈尼村落

是哈尼族支系奕车人的主要集居地。崇山峻岭中的哈尼梯田十分壮美，有矻扎扎节、姑娘节和打石头架等传统节日、游戏，其中姑娘节和打石头架别具特色。奕车音乐舞蹈、奕车鼓闻名中外，妇女服饰记载着民族历史，独特精美。在2005年《中国国家地理》杂志举办“中国最美丽的地方”评选活动中，被评为中国最美六大古镇古村之一。

墨江癸能山寨

是墨江户数最多（200多户）的哈尼寨子。典型的豪尼人土掌房，一家连一家，一层连一层，高低错落，保持了哈尼古民居的建筑风格。村寨依山傍水，山寨前方、左右有数百亩梯田及鱼塘和菜园，后面是竹林、茶地、柏木林；寨前水癸河里可淘金，是别具特色的旅游项目。

元阳箐口哈尼族民俗文化生态旅游村

传统建筑、民风民俗文化保留完整，生产生活方式独特，建设了陈列馆、休闲楼、停车场、公共卫生间等，每年农历二月举行“昂玛突”节。周围有上万亩连片的梯田，集“梯田、村寨、森林、水系”四素同构及云海、蘑菇房为一体的景观，吸引海内外游客前来摄影和旅游观光，被国家旅游局评为“全国农业旅游示范点”。

建水黄草坝哈尼民俗文化村

地处建水南部焕文山–红河民族风情景区的中心位置上，是一座独具特色的哈尼山寨，具有浓郁地道的哈尼风情，原始古朴的哈尼生活习俗，多姿多彩的民族节日歌舞，还有奇异多彩的梯田云海和红河大峡谷景观。

▲

建水黄草坝哈尼民俗文化村

墨江元江岩画

墨江岩画位于新抚乡，距今约2 500年的3处岩画自北向南，84个可以识别的图案，内容主要是古人类狩猎、祭日、舞蹈等生活场景，形象地表现了古代原始氏族部落天体崇拜、图腾崇拜、祖先崇拜的文化内涵。元江岩画位于青龙厂镇它克村，有可辨图像120幅，有表现舞蹈、狩猎及表现母性崇拜的图像及符号，为原始社会时期的文化遗存，现元江哈尼族一些祭祀舞蹈的动作姿态，与原始岩画中的舞蹈图像很相似。

哈尼文化展示中心

西双版纳哈尼文化园

位于勐海县格朗和乡南糯山向阳寨，占地约2亩，建筑面积达2 113平方米。园区由哈尼族生态博物馆、民居、手工艺展示、手工制茶坊、茶叶交易市场等部分组成。其中生态博物馆设有哈尼族名人、文学艺术、服装服饰、茶文化、纺织工艺、农耕文化和饮食起居等专项展厅，有近千件实物展品和百余幅图片资料，集中展示了哈尼族传统习俗和历史文化。

绿春哈尼风情园

又叫阿罗欧滨风情园，占地103亩，是展示绿春哈尼族文化的窗口。由广场中心和祭祀、梯田、广场舞台、餐饮、接待住宿等部分组成，广场上有体现阿罗欧滨神话的大型白鹇鸟浮雕，四角有四片茶园；风情园中心展览原始生产生活用具和民族服饰；祭祀文化区内可以让游客参与六月年、十月年、祭竜等节庆文化活动，园内有传统磨秋场，有磨秋、秋千等民俗活动场所设施。

绿春诺玛阿美民族文化生态村

位于绿春县城，景区占地35.1公顷，区内有一条长2 000米、宽12米的商业步行街，有350幢哈尼传统蘑菇式房子，有文化传承馆、服饰展览馆、博物馆和民族商品交易区、民族歌舞表演区等。可以观赏传统歌舞表演，体验风俗礼仪，品味哈尼古茶，购买民族工艺品，是休闲度假、体验哈尼族文化习俗的理想之地。

绿春哈尼族博物馆

位于绿春东仰民族风情园内。博物馆建筑面积3 456平方米，设有总馆和迁徙、宗教、习俗、农耕、服饰、女神、艺术文化、图书资料、茶文化、多媒体、艺术作品展览等12个馆，收藏世界各地哈尼族的生产、生活、宗教、纺织、服饰等2 998件（套），是世界上内容最丰富的保护、研究哈尼族传统文化的资料库和研究中心。

墨江北回归线标志园

位于墨江县城登高架山梁上，是目前世界上规模最大、内容最丰富的北回归线纪念性建筑。以北回归线上长约500米的线段为中轴，通过道路、建筑小品、雕塑以及主体标志，用直观的天文地理知识和美丽的哈尼传说，表达对自然、生命、阳光的理解和人类对天体科学的探索和认识，是集天文科普、休闲、娱乐、旅游为一体的人文景观类旅游景区，国家AAA级景区，云南省重要的爱国主义教育基地和科普教育基地。

墨江北回归线标志园

云南民族村哈尼族寨

位于昆明滇池之畔，云南民族村是国家AAAA级旅游景区、国家民委民族文化基地，现已建成开放哈尼族等12个村寨。哈尼寨展现了最具有代表性的蘑菇房和母子房，日月广场，有关于鱼生万物传说的大型浮雕、描绘迁徙传说的图腾柱，有体现生产生活的磨坊、龙巴门、秋千场、梯田，表现“万物有灵、多神崇拜”宗教信仰的寨神树和祭石。

宁洱民族团结园

位于宁洱县城北侧，立有被誉为“新中国民族团结第一碑”的民族团结誓词碑；建有牌坊大门、古式六角碑亭、浮雕等建筑，是一座集观赏、参观、教育于一体的园地，被列为全国红色旅游经典景区。被国务院批准列为第六批全国重点文物保护单位，被国家民委授予“全国民族团结进步教育基地”称号。

墨江国际双胞文化园

位于墨江县城国际双胞小镇河西村，核心区占地面积75亩，以展示双胞文化和生殖文化为主体，以“水”为景观轴，游路为纽带，连接各景观节点，主要景观有双胞井文化广场、阳文化广场、阴文化广场、双胞文化长廊、求子殿、儿童游乐场等，展示了双胞的丰富、多彩世界。

第八章 欣欣向荣的哈尼地方

在长期的历史发展中，哈尼族等少数民族饱受民族压迫和民族歧视。新中国建立初期，党和政府组织民族工作队深入到哈尼乡村宣传民族团结平等政策，发挥哈尼族上层的积极作用，消除民族隔阂、增强民族团结、发展生产、团结对敌、巩固国防。云南省委、省政府根据“切实认真地普遍推行民族区域自治”的方针，先易后难，逐步开展民族识别工作，在安定社会秩序，建立民族民主联合政府的基础上，在哈尼族聚居区积极推行民族区域自治。

▲

丰收的哈尼地方

人口与分布

1949年10月1日中华人民共和国成立，哈尼族与各兄弟民族一起进入了一个新的历史时期。随着社会经济的迅速发展，党的民族平等、民族团结和各民族共同繁荣发展政策的进一步实施，以及哈尼族地区医疗卫生事业的蓬勃发展，哈尼族的人口状况及分布发生了巨大变化，哈尼族人口逐步增加，云南省境内哈尼族分布越来越广泛，云南省以外的哈尼族人口快速增加。

经过民族识别，1953年第一次全国人口普查时，哈尼族是国家确认的41个少数民族之一。当时哈尼族人口为452 352人，占全国总人口的0.08%，占全国少数民族的1.3%；哈尼族人口全部居住在云南省，并主要分布在红河、普洱、西双版纳、玉溪、楚雄等地州，昆明、临沧有少量分布，这一分布，是历史和现今哈尼族相对固定的主要分布地区。

据2010年第六次全国人口普查统计资料，哈尼族人口1 660 932人，哈尼族人口占全国总人口的0.12%，占全国少数民族的1.4%。与10年前的“五普”相比，哈尼族人口增加了221 259人；与57年前的“一普”相比，哈尼族人口增加了1 208 580人，增长率为267.18%，平均年增长率4.69%。在全国56个民族人口数中，哈尼族位列16位，是我国人口超过百万的19个民族之一。

幸福的哈尼老人

2010年，云南省哈尼族人口为1 629 508人，哈尼族人口数在各民族的排序，从1953年的第六位，提升到第三位；哈尼族人口比重从2.64%提高到3.55%。从行政区划的州市来看，全省16个州市都有哈尼族分布，并主要分布在红河、普洱、西双版纳、玉溪、昆明等传统分布区域。

知识链接 **云南省哈尼族分布** 红河哈尼族彝族自治州一直是哈尼族人口最多的地区，约占全省哈尼族的一半。哈尼族是普洱市少数民族中人口最多的民族，2010年哈尼族人口454 666人，占全省哈尼族的27.89%，占全市的17.88%，占全市少数民族的29.31%。西双版纳傣族自治州是哈尼族人口较多、增长较快、分布最广的地区，2010年哈尼族人口215 434人，占全省哈尼族的13.22%，占全州的19.01%，占全州少数民族的27.16%。玉溪市哈尼族在各民族中排序第三位，2010年哈尼族人口130 279人，占全省哈尼族的7.99%，占全市的5.66%，占全市少数民族的17.53%。楚雄彝族自治州6 176人，比1953年增加4 026人，占全省哈尼族的0.4%，占全州的0.2%，占全州少数民族的0.69%。昆明市、曲靖市是哈尼族人口增速最快的地区。2010年，昆明市哈尼族人口25 807人，比1953年增加25 057人，比1982年增加24 015人，比1990年增加20 868人，比2000年增加14 307人；曲靖市哈尼族人口也由1982年的330人增加到2 114人。

元阳哈尼族儿童

知识链接 **云南省以外的哈尼族分布** 全国各省市区哈尼族人口在1 000人以上的有广东（5 987人）、浙江（4 300人）、上海（3 185人）、山东（3 023人）、江苏（2 916人）、四川（1 566人）、重庆（1 398人）、福建（1 373人）、安徽（1 138人）、贵州（1 092人）、湖南（1 055人）等11个省市区。

从行政区划的县区市来看，云南省129个县市区均有哈尼族分布，成为云南分布最广的少数民族。其中，哈尼族人口20万人以上的有红河、墨江、元阳等3个县；10万~20万人的有绿春县；5万~10万人的有金平、元江、景洪、勐海、勐腊、江城等6个县；1万~5万人的有澜沧、宁洱、思茅、镇沅、个旧、新平、孟连、景东等8个县市；0.1万~1万人的有建水、峨山、孟连、红塔、蒙自、石屏、双柏、易门、呈贡、景谷、晋宁、西山、五华、官渡、禄劝、通海、河口、江川等18个县区市。哈尼族人口占区域人口一半以上的有绿春（86.56%）、红河（78.22%）、墨江（61.63%）、元阳（52%）等4个县；占县市区区域人口20%~50%的有江城（47.29%）、元江（41.17%）、宁洱（24.77%）、勐腊（24.27%）等4个县；占本区域人口10%~20%的有勐海（19.09%）、景洪（16.10%）、镇沅（12.17%）、澜沧（10.10%）等4个县。

十一届三中全会以来，随着经济改革开放和社会主义市场经济的推进，哈尼族人口不断向非传统分布区域扩散，形成新的分布和聚居格局。

越来越多的哈尼人离开家乡故土，通过读书、参军服役、就业、打工及婚嫁等到全国各地定居，云南省以外的哈尼族人口快速增加。2010年，云南省以外哈尼族人口31 424人，占全国哈尼族的1.89%。

海南三亚哈尼人家的哈尼姑娘

远在浙江衢州均良村的哈尼妇女

民族区域自治

在长期的历史发展中，哈尼族等少数民族饱受民族压迫和民族歧视。新中国建立初期，党和政府组织民族工作队深入到哈尼乡村宣传民族团结平等政策，发挥哈尼族上层的积极作用，消除民族隔阂、增强民族团结、发展生产、团结对敌、巩固国防。云南省委、省政府根据“切实认真地普遍推行民族区域自治”的方针，先易后难，逐步开展民族识别工作，在安定社会秩序，建立民族民主联合政府的基础上，在哈尼族聚居区积极推行民族区域自治。

1950年夏，李和才作为云南省爱国民族上层代表，出席全国政协会议，受到毛泽东主席、朱德总司令、周恩来总理等党和国家领导人的亲切接见和热情鼓励。在学习《中国人民政治协商会议共同纲领》后，他激动地说：“共同纲领好！各民族一律平等，毛主席领导，我们哈尼族抬起头来了。”同年，思普地区（今普洱、西双版纳及临沧一部分）组织哈尼等民族代表赴京参加国庆观礼；次年元旦，在今宁洱召开普洱专区第一届兄弟民族代表大会，出席会议的10多名哈尼族代表与各民族代表共48人，立下了具有划时代意义的普洱民族团结誓词碑；表示“从此我们一心一德，团结到底，在中国共产党的领导下，誓为建设平等、自由、幸福的大家庭而奋斗”。60多年来，哈尼族代表及广大哈尼族群众践行誓言，方有富老人还坚持在民族团结誓词碑下向各民族群众宣传民族政策，为促进和谐、融洽的民族关系发挥积极作用。

在西双版纳，民族工作队到哈尼村寨宣传民族团结平等政策，说各民族都是兄弟；哈尼族群众体会到各民族无论大小，都是“血肉相连的亲兄弟”，便把哈尼语中的“兄弟”（僾尼）作为自己民族新的自称；格朗和、红河也先后成立了僾尼族自治区。这成为民族团结平等的佳话。

格朗和僾尼族自治区成立

1951年，先后成立蒙自专区民族协商委员会、蒙自专区民族民主联合政府，李和才、李呈祥等当选为副主任委员、副专员。中央民族访问团到红河、普洱等地慰问，向边疆各族人民转达党中央、毛主席对各族人民的关怀，向各民族代表赠送了有毛主席亲笔题词“中华人民共和国各民族团结起来”的锦旗和慰问品。蒙自专区组建200多人的专区民族访问团，李和才为副团长，李呈祥等哈尼族上层人士作为访问团成员，到边疆少数民族地区宣传党的民族团结、平等、互助的政策，争取民族上层，开展对敌斗争、发展生产工作。通过宣传，各族群众认识到，民族压迫、民族歧视的时代已经过去，民族平等、民族团结、各民族共同保卫和建设祖国边疆的新时代已经来到。哈尼族的上层人士积极靠拢共产党，接受共产党的政策，利用自己的威望和影响力，全力维护祖国统一、民族团结。他们踊跃到昆明、成都、北京等地参观，积极把子女送到民族院校学习；原准备逃到国外谋生的民族上层安定下来；原逃到边境线上，准备万不得已时逃到国外谋生的民族上层人士，纷纷回乡向人民政府投诚自新；逃匿到深山密林或内地城市的民族上层人士也先后回归故里，协助政府开展工作。

哈尼族人民积极拥护民族区域自治制度，充分行使当家做主的权利，奋力推进哈尼族地区各项事业的进步和发展。西双版纳是哈尼族分布广、人口比例较高的地方，哈尼族干部群众服从大局，支持成立傣族自治区；1953年1月，西双版纳傣族自治区成立，车罗等5人当选为副主席；1955年6月改为西双版纳傣族自治州。1954年1月，红河哈尼族自治区在元阳新街成立，李呈祥当选为主席，许文安等为副主席。1957年11月18日，红河哈尼族彝族自治州成立，李和才当选为州长，李呈祥、许文安等当选为副州长；在红河哈尼族彝族自治州第二届、第三届人民代表大会上，李和才当选为州长，李呈祥、许文安等当选为副州长。

1951年1月10日，红河僾尼族自治区人民政府在迤萨成立，郭维藩当选为主席。1953年7月，西双版纳格朗和僾尼族自治区成立。1954年5月18日，江城哈尼族彝族自治区成立，刀有才当选为主席，罗世祥等当选为副主席；1955年12月改为江城哈尼族彝族自治县。

十年动乱期间，党的民族区域自治政策遭到严重破坏，建立民族区域自治地方的工作完全陷入停顿，原有的一些自治地方被取消、肢解，许多自治地方名存实亡。党的十一届三中全会以来，党中央拨乱反正，我国推行民族区域自治的工作取得了新的成就，哈尼族地区的民族区域自治制度又进入了一个新的黄金时期。

1979年11月28日，墨江哈尼族自治县成立，罗忠明当选为县长。1980年11月22日，元江哈尼族彝族傣族自治县成立，张学文当选为县长。1985年12月15日，普洱哈尼族彝族自治县成立，白存德当选为县长，2007年4月改为宁洱哈尼族彝族自治县。1990年5月15日，镇沅彝族哈尼族拉祜族自治县成立，陶国相当选为副县长，1992年当选为县长。1983年后，红河哈尼族彝

▲

各族人民欢度哈尼太阳节

族自治州第五届—第十届人代会召开，白佐光、李先猷、张学文、白成亮、杨福生等先后当选为州长，孙敏初、徐国学、张卫东、陈军、李烨等先后当选为州人大常委会副主任，王正芳、杨洪、胡丽琼、李扬等当选为副州长。

按照宪法的规定，哈尼族自治地方制定自治条例和单行条例的工作全面开展。云南省人大常委会会议1986年批准《红河哈尼族彝族自治州自治条例》，1989—1991年批准了《墨江哈尼族自治县自治条例》《江城哈尼族彝族自治县自治条例》《元江哈尼族彝族傣族自治县自治条例》《普洱（宁洱）哈尼族彝族自治县自治条例》《镇沅彝族哈尼族拉祜族自治县自治条例》，后在实施中进行了修订。哈尼族自治地方积极制定单行条例，如红河哈尼族彝族自治州制定了水资源、林业管理、矿产资源管理、民族教育、哈尼梯田保护管理等条例，有力地促进了自治州经济社会持续快速发展。根据自治条例规定，哈尼族自治地方把自治州、县建立时间确定为纪念日，当月为民族团结活动月，开展民族团结友爱活动；自治地方内各民族的传统节日受到尊重，红河州哈尼族矻扎扎节和彝族火把节，全州干部、职工放假欢度；西双版纳州哈尼族嘎汤帕节，哈尼族干部、职工放假欢度；墨江县哈尼太阳节、江城县哈尼年节、元江县哈尼族十月年、宁洱县哈尼族矻扎扎节、镇沅县哈尼族十月年全县放假欢度。

哈尼梯田故乡
——红河哈尼族彝族自治州

红河哈尼族彝族自治州位于云南省东南部，因国际河流红河流经全境而得名。区域国土面积32 931平方公里，辖4市9县。总人口4 561 000人，哈尼、彝、苗、傣、瑶、壮、回、布依、拉祜等少数民族人口2 739 000人，占全州的59.83%，其中哈尼族人口789 700人，占全州的17.50%。

红河哈尼族彝族自治州州府设在蒙自市。早在西汉、东汉王朝在今红河州地区设置牂牁郡和益州郡。1949年12月，滇南行政专员公署成立（后改称蒙自区行政督察专员公署、蒙自区专员公署）。1957年11月，蒙自专区和红河哈尼族自治区合并建立红河哈尼族彝族自治州。

哈尼梯田故乡——红河哈尼族彝族自治州

自治州区位优势突出，是中国走向东盟的陆路通道和桥头堡。河口、金平、绿春三县与越南接壤，国境线长达848公里，历史上就是云南对外

滇越米轨铁路

开放的前沿，1993年河口、金水河国家级一类口岸开通。红河位于中越"两廊一圈"战略布局和昆（明）河（内）经济走廊的重要节点，处于中国与东盟两大市场结合部和中国昆明、越南河内两大城市辐射的交汇点，是中国及云南通往东南亚国际大通道建设的前沿，战略地位十分重要。在加快实施桥头堡交通建设中，红河哈尼族彝族自治州铁路、公路、航空、航运海陆空齐头并进，全力推进。红河是中国最早通铁路的地区之一，滇越米轨铁路穿州而过，泛亚铁路东线玉（溪）蒙（自）段通车，蒙（自）河（口）段和起于昆明至南宁的云桂铁路红河段正在加快建设；云南首条出境高速公路——昆明至河口高速公路全线贯通；蒙自机场开工建设；中越红河航运的复航工程正在被提上议事日程；红河州成为祖国西南国际大通道的重要枢纽，桥头堡建设的前沿和门户。

资源富集，后发优势突出，发展潜力巨大。全州以山地为主，多元立体气候形成了生物资源的多样性，有金平分水岭、绿春黄连山和屏边大围山等三个国家级自然保护区，被誉为"天然动植物园""滇南生物基因库"，是云南"中华生物谷"的重要基地；境内有7 500平方公里的热区和221万亩的自然保护区，具有发展生物特色产业的基础和条件。红河州处于滇中、滇东南、三江三大成矿带交汇地，以锡为主的有色金属在全省、全国乃至世界上均占有重要的地位，以煤炭、优质锰、金银为主的能源、黑色金属以及贵金属等矿业在全省具有较大的产业优势；目前，红河哈尼族彝族自治州已探明矿产资源潜在价值达2.5万亿元，占全省的28.3%。红河、南盘江 、李仙江、腾条江四大水系及其河流水能理论蕴藏量达500万千瓦以上，可开发水电装机达450万千瓦以上，能源基础产业发展已初具规模。旅游文化资源富集独特，拥有底蕴丰厚的历史文化、绚丽多姿的民族风情和神奇壮观的自然风光，哈尼梯田、天然溶洞群、建水历史文化名城、弥勒湖泉公园等旅游景区景点众多，具有打造云南康体休闲旅游胜地的自然环境和资源条件。

经济持续较快发展，各族人民生活发生了巨大变化。红河哈尼族彝族自治州是云南近代工业的发祥地，全省工业经济和绿色经济的重要支柱、综合能源和冶金材料基地。有闻名世界的锡都个旧，有领先世界水平的现代企业——红河卷烟厂，以锡为主的有色金属采、选、冶技术，有的已达到世界先进水平，制糖加工技术处于全省领先地位。2012年，制订实施工业跨越发展“三年倍增”计划和园区建设“千百亿”工程，全年实现工业总产值1 222.6亿元，完成规模以上工业增加值400.6亿元，实现利税总额167.3亿元。高原特色农业发展迈出新步伐，百万亩高原特色农业示范区正在建设。2012年，粮食总产达171.8万吨；现代烟草农业快速发展，烟农收入突破20亿元，“两烟”财政总收入达116.3亿元；林产业综合产值超过70亿元；畜牧产值突破百亿元大关，达105.9亿元；水果产量居全省第一，蔬菜种植面积突破了140万亩；以灯盏花、石斛为重点的生物药材产值超过25亿元。红河哈尼梯田申遗带动了旅游业发展，已开发出梯田民俗文化探寻游、溶洞温泉康体休闲游、边地中原文化古镇风情游、商务生态休闲出境游、康体休闲商务异国风情游等5条旅游线路，以及元阳哈尼梯田、红河谷、滇越铁路三大旅游产品。2012年接待国内外游客1 486.56万人次，旅游总收入首次突破百亿元大关，达到103.95亿元。

深入贯彻落实《中华人民共和国民族区域自治法》和《红河哈尼族彝族自治州自治条例》，充分依法行使自治权。2009年，全州少数民族干部总数达到32 811人，占全州干部总数的37.01%，其中党政干部9 141人，事业干部23 566人，企业干部104人，少数民族干部成为红河州建设各项事业的骨干力量。少数民族的风俗习惯、文化艺术和宗教信仰得到尊重。红河哈尼梯田文化景观正式列入世界文化遗产名录；收集整理出版《哈尼族辞典》《彝族辞典》《红河哈尼族谱牒》等少数民族文化古籍，《哈尼族口碑文化译注全集》（100卷）编译工作顺利开展；“哈尼文化记录行动”圆满举行，其成果展览在北京、昆明等地举办，展现了哈尼族独特灿烂的原生态文化，让世界了解哈尼民族，唤起了国内外各界人士对少数民族文化的关注。美丽乡村、美丽家园和“民族团结示范村”“兴边富民示范村”建设深入推进，农村生活条件不断改善，村容村貌有了明显改观，全州呈现出经济发展、社会进步、边疆安宁、民族团结、各族群众生活不断改善的良好局面。

近几年来，红河哈尼族彝族自治州主要经济指标在全省16个州市中名列第四位，经济总量在全国30个民族自治州中居第四位，财政收入指标在全国30个少数民族自治州中居首位。2012年，全年完成生产总值905.4亿元，完成地方公共财政预算收入84.5亿元，规模以上固定资产投资560.9亿元，外贸进出口总额完成36.5亿美元，社会消费品零售总额217.3亿元，农民人均纯收入5 468元。

哈尼之乡
——墨江哈尼族自治县

墨江是1979年11月28日成立的全国唯一的哈尼族自治县。位于云南中南部，县城距省会昆明270公里，昆曼国际大通道和正在建设的泛亚铁路中线穿境而过，是云南加快面向西南开放的桥头堡建设的交通要道。区域国土面积为5 312平方公里，辖12镇3乡。总人口360 507人，哈尼、彝、拉祜、布朗等少数民族人口占总人口的75.21%，其中哈尼族人口222 174人，占总人口的61.63%，被誉为“哈尼之乡”。

墨江地处横断山系纵谷区东南哀牢山脉中段，海拔最高2 278米，最低440米，气候温和，光照充足，年均气温17.9℃；雨量充沛，年均降雨量1 353.7毫米。境内山高林茂，森林覆盖率53.2%；动植物资源和土特产丰富，有国家一类保护植物3种、二

墨江哈尼族自治县北回归线标志园

类保护植物5种、三类保护植物10种，国家一级保护珍稀兽类5种、珍稀禽类2种；墨江的紫胶产量为全国各县之冠；特色珍贵糯米——紫米是元代、明代的进贡米，2009年获墨江紫米原产地证明商标，以紫米为原料酿制而成的紫米封缸酒，获1992年法国巴黎国际名优酒“金奖”和1994年第二届巴拿马国际万国名酒博览会特别“金奖”。矿物资源已探明并开采利用的有金、银、铜、铁、铅、锌、盐、石膏、煤、石棉、石灰石等10余种，金矿省内外享有盛名，年产黄金万两以上，白银产量达2万两以上；镍资源位居全国第二，具有较大的潜在价值。河流属红河水系，有把边江、泗南江、阿墨江、他郎河等三江五河，水能理论蕴藏量为124.24万千瓦，可开发量为37.31万千瓦。新抚岩画群距今约有2 500年的历史；县城联珠镇是世界上北回归线唯一穿过的城市，拥有1 000多对双胞胎，河西村的哈尼文化和神奇的双胞井而名扬四方，被誉为“北回归城”“双胞之家”。

积极调整产业结构，加快经济发展。以林畜烟渔为龙头优化第一产业，以绿色工业为重点壮大第二产业，以文化旅游为骨干发展第三产业，加快建设北回归线和国际大通道上的绿色生态经济大县、哈尼文化展示中心、商贸旅游文化重镇，不断提升县域经济实力。文化旅游资源进一步盘活，墨江北回归线标志园是国家AAA级旅游景区，每年5月1日至3日举办的中国墨江北回归线国际双胞胎节暨哈尼太阳节，是中国第一双胞品牌节日；2012

墨江哈尼族自治县县城

年共接待游客127.5万人次。

哈尼族文化研究及文化遗产保护工作不断加强。成立了全国唯一的县级哈尼族文化研究所，哈尼族叙事长诗《洛奇洛耶与扎斯扎依》列入国家级非遗保护名录，创作了《扭鼓舞》《拇指舞》《抢小帽》《醉鼓》《哈尼的家乡在哪里》等优秀文艺作品，中央电视台《民歌中国》播出了《魅力墨江》专题节目，墨江哈尼合唱团在第四届云南省青年歌手电视大奖赛上获银奖。

2012年，墨江县完成生产总值34.56亿元，地方公共财政预算收入2.7亿元，规模以上固定资产投资40.6亿元，实现社会消费品零售总额8亿元，农民人均纯收入达3 921元。

一眼望三国的
江城哈尼族彝族自治县

江城是1954年5月18日成立的哈尼族彝族自治县。位于云南省南部，因李仙江、曼老江、勐野江三江环绕故名江城。县城距省会昆明520公里。区域国土面积3 544平方公里，辖3镇4乡。总人口121 545人，哈尼族、彝、傣、瑶、拉祜等少数民族占总

人口的74.93%，其中哈尼族人口57 473人，占总人口的47.29%。

江城东南与越南接壤，南与老挝交界，国境线长183公里，是云南唯一与两个国家接壤的县，素有“一眼望三国”之称。陆路通过勐康国家级一类口岸可直达老挝丰沙里省和首都万象，通过龙富通道可直接进入越南奠边省；水路通过土卡河可直达越南的莱州省和首都河内。地处横断山余脉无量山的尾端，海拔最高2 207米，最低317米。冬夏两季短，春秋两季长，年平均气温19.4℃。年平均降雨量2 171.6毫米，为云南省的第三位，属亚热带湿润气候。全县森林覆盖率64.5%，并与国外的原始森林连成一体，生长着桫椤、大树花生等30多种国家重点保护植物和砂仁、黄草等1 000多种药材，是麂子、白鹇、穿山甲、蟒蛇等200多种珍稀动物们的天堂。金属矿产有铜、铅、钨、锌、辰砂，其中瑶家山铜矿储量为96万吨；非金属矿产有钾盐、煤、石膏、石灰

▲

一眼望三国的江城哈尼族彝族自治县县城

中越老三国界碑

石、石棉等，已探明岩盐储量25亿吨，钾盐储量2 000多万吨，是我国唯一的可溶性古钾盐矿床。河流分属红河和澜沧江水系，有3江30条河，水能理论蕴藏量为302万千瓦，已开发利用5 550千瓦。旅游资源丰富，有三国交界的曲水十层大山、李仙江亚热带雨林、狮子岩大山，以及万亩胶园、茶园，电站库区景观；哈尼历年节、火把节、泼水节、盘王节等少数民族传统节庆和民俗风情活动丰富、独特。

历届县委、县政府把加强工业为重要战略部署，全面实施对外开放政策，重点培育形成以茶叶、林业、水电、矿业、白糖、橡胶为骨干，咖啡、渔牧业为辅的产业体系。“打造集茶乡、民族、口岸文化为一体，一城连三国的边境风情生态旅游城市”成为共识，每年举行中老越三国丢包节暨边境交易会，三国异域文化和少数民族民俗风情得到充分展示和交流。2012年共接待游客34.25万人。

2012年，江城县完成生产总值20.09亿元，地方财政一般预算收入1.09亿元，固定资产投资16.17亿元，实现社会消费品零售总额4.2亿元，农民人均纯收入达4 014元。

红河谷中太阳城
——元江哈尼族彝族傣族自治县

元江是1980年11月22日成立的哈尼族彝族傣族自治县。位于云南省中南部，因地处红河流域元江中上游而得名。县城距省会昆明215公里，地处昆曼国际大通道、楚（雄）河（口）经济干线交集处，正在建设的“泛亚”铁路中线将穿境而过，是云南省通往南亚、东南亚国际大通道的重要枢纽。区域国土面积2 858平方公里，辖4镇6乡4农场。总人口21 7392人，哈尼、彝、傣等少数民族占总人口的80%，其中哈尼族人口89 510人，占总人口的41.17%。

元江资源丰饶，文化悠远。境内山坝相间，海拔最高2 580米，最低327米。山区温凉，四季分明；坝区炎热，终年无霜，海拔1 300米以下的热区达166万亩，适宜种植热带亚热带和温带经济作物，是全省距昆明最近的热区，有“天然温室”“红河谷中太阳城”的美誉。年平均降雨量800毫米，属低纬度高原季风气候。全县森林覆盖率50.96%，有野生动物资源100余种，农作物资源163种，经济作物资源228种，林木资源2 000余种，药材资源170余种，花卉资源224种。河流为红河水系，水电资源理论蕴藏量41.39万千瓦，已开发6.66万千瓦。矿产资源丰富，已探明的有金、银、铜、钴、镍、石膏、红宝石、蛇纹石等，其中镍金属储量约53.3万吨，属全国第二大矿床。早在原始社会末期，就有人类在元江繁衍生息，3 000年前的它克崖画，描绘了古代人类的图腾崇拜以及生产、生活情景；2 000年前的青铜文化灿烂夺目；1 000年前的哈尼罗槃古国，神秘悠远。哈尼梯田神奇壮美，彝族烟盒舞欢快律动，傣族蒙面情歌花街节令人心驰神往。

元江哈尼族彝族傣族自治县县城

元江开创“山坝结合、治水办电、开发热区、振兴经济”的元江发展之路，努力培植烤烟、糖料甘蔗、林果、特色生物资源、畜牧、粮食经济作物“六大产业”。2012年成功举办第七届

国际哈尼·阿卡文化学术讨论会，元江哈尼文化节、红河谷金芒果文化旅游节知名度不断提高，哈尼“棕扇舞”进入国家级非物质文化遗产名录，它克村入选首批中国传统村落，李和才故居被列为省级重点文物保护单位。“红河谷太阳城”品牌影响力不断扩大，2012年接待国内旅客75.29万人次。

2012年全县实现现价生产总值43.14亿元，地方财政一般预算收入3.62亿元，全社会固定资产投资完成35.1亿元，社会消费品零售总额14.9亿元，农民人均纯收入6 813元。

普洱茶故乡
——宁洱哈尼族彝族自治县

宁洱是1985年12月15日成立的哈尼族彝族自治县。位于云南省南部，地跨北回归线，距省会昆明373公里，昆曼国际大通道和弥宁公路、景宁公路在宁洱交汇，正在建设的泛亚铁路中线将穿境而过，是云南及中国连接东南亚和南亚的陆路交通要道。区域国土面积3 670平方公里，辖6镇3乡。总人口185 719人，哈尼、彝、傣、回、拉祜、白等少数民族人口占总人口的52.56%，

宁洱哈尼族彝族自治县县城

其中哈尼族人口45 998人，占总人口的24.77%。

马帮重走茶马古道

宁洱地处无量山南端余脉，地跨北回归线，海拔最高2 851.1米，最低551.7米。属南亚热带山地季风气候，年平均气温18.2°C，降水量1 398.4毫米，日照1 920.2小时，冬无严寒、夏无酷暑、四季如春，是发展林业、茶叶、烤烟、咖啡、蚕桑等产业的较适宜地；全县森林覆盖率74.04%，珍贵树种有12科13种，思茅松为优势树种；有277种植物药材；野生动物有国家一级保护动物长臂猿、金丝猴、豹、绿孔雀等，二级保护动物有黑熊、大灵猫、小灵猫、猕猴、穿山甲等。河流分属红河和澜沧江两大水系，主要有把边江、小黑江、普洱大河等121条，水能蕴藏量达53.7万千瓦，总装机容量达12万千瓦，年发电量达4.99亿度。矿产资源有岩盐、煤、铜、铁、铅、锌、水晶石、石英砂、重晶石等。宁洱是驰誉中外的普洱茶故乡，是世界茶源、普洱茶都，茶马古道的源头，名茶、名碑、名人是宁洱的三大文化品牌。清雍正七年（1729）设普洱府；哈尼等各族人民探索了普洱茶加工工艺，宁洱成为普洱茶生产、加工、贸易中心，茶马古道从宁洱起源，通往全国、走向世界。县内有被誉为新中国民族团结和民族工作第一碑的全国重点文物保护单位、全国民族团结进步教育基地——民族团结誓词碑。全国英模张培英，主演电影《五朵金花》《阿诗玛》的著名演员杨丽坤（彝族）蜚声国内外。

历届县委、县政府把丰富的资源优势转化为经济优势，培育形成了以茶叶、林业、电力、建材、矿业为主导的产业发展格局。旅游发展步伐加快，那柯里茶马驿站、磨黑古镇、民族团结园等景点景区基础设施项目建设不断完善，2012年全县共接待游客66.23万人（次）。

2012年，全县完成生产总值31.87亿元，完成地方公共财政预算收入2.36亿元，完成固定资产投资31亿元，社会消费品零售总额7.6亿元，农民人均纯收入5 014元。

世界茶树王之乡——
镇沅彝族哈尼族拉祜族自治县

镇沅是1990年5月15日成立的彝族哈尼族拉祜族自治县。位于云南省的西南部，县城距省会昆明398公里，是普洱到大理和玉溪至临沧公路的重要枢纽。区域国土面积4 136.81平方公里，辖8镇1乡。总人口208 606人，彝、哈尼、拉祜等少数民族人口占总人口的53.67%，其中哈尼族人口25 394人，占总人口的12.17%。

镇沅彝族哈尼族拉祜族自治县县城

镇沅地处哀牢山和无量山中段，地处北回归线附近，海拔最高3 137.6米，最低774米，年平均气温18.5°C，分属热带、亚热带、暖温带三种气候类型。全县森林覆盖率达66.7%，木材蓄积量达2 100万立方米，是云南省林业生产重点县之一；有珍稀植物树种秃杉、云南山茶、野茶树、粗榧、云南黄边等23种，可供药用的动植物资源近2 000种，其中植物资源就有1 000多种；有蜚声海内外的2 700年树龄的世界最大最古老的野生茶树王和万亩野生茶树王群落，是世界茶树发源地的核心；野生动物物种多样，有460余种，其中属国家珍贵保护动物的有长臂猿、金丝猴、虎、豹、绿孔雀、黑熊、大灵猫、猕猴、白鹇等10多种。河流分属于红河、澜沧江两大水系，有澜沧江及恩乐河、勐统河、者干河等534条大小江河流。矿产资源丰富，蕴藏着金、银、铜、铁、盐、煤、花岗石、石英石、瓷土等，已探明的巨型金矿带正在开采，盐矿储量超过亿吨，煤矿储量达千万吨。世界茶树王诞生地省级风景名胜区千家寨等名胜，古朴、独特的少数民族文化、风情，为打造哀牢山旅游环线和“世界茶源、中国茶城、普洱茶都”自驾车生态旅游路线提供了有利条件。

历届县委、县政府以林、畜、烟、矿四大支柱产业发展支撑镇沅经济，以民族文化旅游产业的开发带动民族经济发展。2012年，全县生产总值完成28.99亿元，地方公共财政预算收入完成2.26亿元，全社会固定资产投资完成12.37亿元，实现社会消费品零售总额3.51亿元，农民人均纯收入2 262元。

▲

2 700年古茶树

哈尼族乡

民族乡是在少数民族聚居的地方建立的乡级行政区域。云南省共有152个民族乡（镇），其中哈尼族乡6个。哈尼族乡分布如下：普洱市3个，均在澜沧拉祜族自治县；西双版纳傣族自治州3个，景洪市1个、勐海县2个。

酒井哈尼族乡

位于澜沧拉祜族自治县东南部，距县城32公里。全乡面积381平方公里。年平均气温17.2℃，年平均降雨量1 500毫米。最适宜种植茶叶、甘蔗、南药和各种农作物。森林覆盖率为52%。总人口13 512人，其中哈尼族6 223人，占总人口的46%。建立民族乡以来，以粮食生产为基础，大力发展甘蔗、茶叶、畜牧业等多种经营，促进农村经济持续增长，不断增加农民收入。2012年，农民人均纯收入为1 994元。

惠民哈尼族乡

位于澜沧拉祜族自治县东南部，距县城50公里，地处普洱绿三角旅游区到西双版纳的交通要道上。全乡面积394平方公里。年平均气温18℃~20℃，年平均降雨量1 500毫米。森林覆盖率53.9%。景迈古茶园2.8万亩，是当地布朗、哈尼和傣等民族祖先开创，作为普洱野生茶林和古茶园的重要部分，被列入“中国国家自然与文化双遗产预备名录”；已探明铁矿储存量19.98亿吨，占全省一半之多。总人口14 115人，其中哈尼族5 529人，占总人口的36%。建立民族乡以来，以粮食生产为基础，茶叶为重点，为农业增效、农民增收创造条件。农作物播种总面积25 354亩，茶叶面积56 762亩，采摘面积43 485亩。2012年，农民人均纯收入2 303元。

发展河哈尼族乡

位于澜沧拉祜族自治县东南部，距县城58公里。全乡面积469平方公里。年平均气温17.6℃，年平均降雨量1 500毫米。森林覆盖率为72.8%，有大面积的野生茶、柏木、西南桦等树种，栖息着野牛、狗熊、豹子、鹿子、野猪、白鹇等珍贵野生动物。是全县水稻主产区之一。总人口15 684人，其中哈尼族人口5 206人，占总人口的34.1%。建立民族乡以来，粮食生产稳定，积极发展茶叶、甘蔗、蚕桑、草果、茨竹、麻竹、咖啡等特色产业。

采茶归来的哈尼族青年

景哈哈尼族乡

位于景洪市东南部，距市府29公里。全乡面积399平方公里。年均气温22.5℃，年均降雨量1 336.6毫米。森林覆盖率达

77%。总人口15 958人，其中哈尼族9 708人，占总人口的61%。建立民族乡以来，抓好橡胶、粮茶、水果南药等产业的发展，全乡橡胶面积达25.万亩、开割面积14.6万亩、人均橡胶面积达15.87亩以上，砂仁种植面积达4 345亩，沿江发展澳洲坚果、荔枝、甘蔗等，畜牧、水产业稳步发展。2012年，农民人均纯收入7 804元，居全市前列。

格朗和哈尼族乡

位于勐海县东部，距县城28公里、景洪43公里。全乡面积312.44平方公里。年均温度17℃~18℃，年均降雨量1 350毫米~1 500毫米。森林覆盖率达78%。总人口1 5836人，其中哈尼族占总人口的87.28%。驰名中外、有800多年历史的南糯山大茶树生长在半坡自然村内，是现存世界上最古老的栽培型茶树，树龄百年以上的古茶园2.25万亩，享有“茶源之乡”的美誉。茶叶是该乡的支柱产业，2008年，全乡茶叶种植面积8.6万亩，产量2 130吨，人均茶叶收入2 632元，占农民人均纯收入的49%。同时积极引导农民开展多样化种植和栽培，扩大甘蔗、竹产业、云麻产业、核桃产业的种植。

格朗和哈尼族传统制茶技艺比赛

西定哈尼族布朗族乡

位于勐海县西部山区，国境线长54.5公里。全乡面积616平方公里。年平均气温20℃，年降雨量在1 600毫米。森林覆盖率47%。总人口23 881人。其中哈尼族13 032人，占全乡总人口的55%。西定哈尼族布朗族乡以农业生产为主，水稻是主产的农作物，经济作物主要有茶叶和甘蔗。甘蔗种植面积1.5万亩，茶叶种植3.5万亩、可采摘面积2.3万亩，橡胶面积为2.3万亩，云麻种植面积1.6万亩。2012年，农民人均纯收入4 015元。

第九章 奋发向上的哈尼人民

在中国历史上，哈尼族作为中华民族的一员，和其他兄弟民族团结与共，为祖国的发展进步，发挥了积极作用，做出了贡献。特别是当代更是人才辈出，精英涌现，他们是哈尼族历史发展的骨干力量和见证人。

哈尼族农民起义领袖田政

田政（？—1864），哈尼族农民起义领袖，云南省墨江哈尼族自治县人。1853年，墨江、镇沅、宁洱、新平一带的3 000多哈尼、彝等族人民，在墨江田政的领导下起义；攻占了镇沅全境和哀牢山西麓地区，起义队伍发展到5 000多人。1858年，与彝族李文学领导的农民起义队伍会盟于景东者干，被任为副元帅，哈尼人徐东让为者干都督；两军控制面积达4万多平方公里、人口50多万，给清政府以沉重打击。1863年秋，清政府调集两万多兵力镇压，通关等地相继失守，田政在突围时被清军俘获，第二年春被清兵杀害。

革命爱国人士李和才

李和才（1893—1985），原任云南省人大常委会副主任，云南元江县人。青年时代为生活所迫，投身滇军，曾任排长和第二路军骡马运输大队长等职；组织农民开垦梯田3 000多亩，赶马做生意，成为地方实力派人物，人称“咪哩王”。1948年后，坚定地站到了革命一边，被任命为滇桂黔边区纵队十支队护乡团团长；参加创建元江根据地和元江县人民政府。1950年出席全国政协会议，受到毛泽东、朱德、周恩来的亲切接见；返回后，为争取滇南边疆土司头人靠拢人民政府做了大量工作。历任石屏县县长、蒙自专署副专员、红河哈尼族彝族自治州州长，1977年当选为云南省政协副主席，1980年后，连任云南省第五、六届人大常委会副主任，是第一、二、三、四、五、六届全国人大代表，全国人大民族委员会委员。

李和才与儿子们合影

“多沙阿波”卢梅贝

卢梅贝（1900—1976），女，哈尼族农民起义领袖，云南省元阳县人。1917年，元阳哈尼等各族人民在17岁的卢梅贝领导下起义，各路义军推选卢梅贝为各路联军统帅，率主力攻打勐弄、多依树、新街等地土司衙门，将土司粮食财物分给群众并宣布废除苛捐杂税，被人民尊称为“多沙阿波”（多沙寨的阿爷）。率义军万余人攻下纸厂、雀山、桥头、嘎娘、蚌嘎和大伍寨等地，生擒并处决敌军团长；云南督军唐继尧电令蒙自镇守使与建水县知事联合派兵镇压。义军与敌奋战三天三夜，最后因弹尽粮绝，她在群众掩护下躲过敌人搜捕。解放后，卢梅贝积极投入到社会主义革命和建设中，1961年赴京参加国庆观礼，受到毛泽东等党和国家领导人的接见。

卢梅贝雕塑

思陀末代土司李呈祥

李呈祥（1900—1977），思陀末代土司，云南省红河县人。曾在石屏、昆明读书，20岁承袭土司职位，历时22年。重视教育事业，促进经济发展，增加武装实力；1948年当选国民党“国大”代表；同年国民党93师委予副总队长，防御边纵游击队。1950年交出枪支弹药，投靠人民政府，参加了省第一次各族各界人民代表大会。1951年当选蒙自专区第二副专员兼民委副主任，1954年后当选红河哈尼族自治区副主席、红河哈尼族彝族自治州副州长，是第二、三、四届全国政协委员。

少数民族音乐创作研究的领军人物杨放

杨放，1921年出生，云南省个旧市人，云南艺术学院教授、中国少数民族音乐学会副会长，是我国少数民族音乐创作研究的重要领军人物。1946年毕业于重庆国立音乐学院。积极投身民主文艺活动，创作了《营火燃烧在广场上》《野草谣》《昆明，美丽的山城》等歌曲，改编、演出儿童歌舞剧《幸运鱼》《金龙袍》等。1949年，参加中国人民解放军滇桂黔边区纵队，收集了彝族撒尼人的叙事长诗《阿诗玛》，被翻译到苏联等国。新中国成立后，先后在云南省文联、云南艺术学院工作。从20世纪50年代开始，在云岭高原上走村串寨，日积月累地搜集民族民间音乐。在西双版纳哈尼山寨收集、记录了上万句古老民歌，在红河采集尼苏人的“四大腔”，在姚安采集彝族古歌《梅郭》。近年来，到水富县寻访到老船工采录了云南《船工号子》，录入《中国民歌集成·云南卷》。60年来，采集记录了民歌、乐曲5 000多首。先后编辑出版了《云南民歌·第一集》《云南民间音乐·第二集》（花灯音乐）、《云南山歌·第一集》《玉溪花灯音乐》等数十部；搜集、整理、发表了纳西族民间长诗《猎犬》、彝族民间长诗《独阿牟老祖爷》等10余部；出版《歌曲创作知识》等专著。创作了群众喜爱的歌曲30余首，小提琴曲《大青树下》和管弦乐曲《欢庆》等。2006年获“云南文学艺术（音乐研究）成就奖”。

中国少数民族音乐学会副会长杨放

《哈尼文字方案(草案)》重要创制者王尔松

王尔松（1931—2008），中共党员，云南省墨江哈尼族自治县人，原中央民族大学副教授，硕士生导师。1947年在昆明长城中学读书时加入“民青”，参加革命工作，1949年10月在墨江干训部任教务员。1951年到云南民族学院学习，曾向上级提出帮助创制哈尼文字的建议；后留校从事哈尼语调查研究工作。1954年在云南省民委语文研究室担任哈尼语组组长。1955年到元阳、金平、绿春、红河等地进行哈尼语言调查，记录了大量哈尼语音、词汇和民间文学资料；1956年执笔撰写《关于划分哈尼语方言和创制哈尼文的意见》和《哈尼文字方案（草案）》；1957年组织红河、普洱、玉溪等地的哈尼族代表讨论哈尼文字方案，同年到云南民族学院担任哈尼文课教师。1958年到红河开展哈尼文试行工作，同年调中央民族学院民族语文系，从事哈尼族语言文学的教学工作，曾任藏缅语教研室主任。1999年任中央民族大学哈尼学所副所长。曾先后培养了3批哈尼文专业人才，指导培养了哈尼语言文学专业硕士研究生陈丁昆等。编写哈尼文教材16册（其中9册为合作编写），20世纪80年代后多次到红河培训哈尼文干部、师资及编写哈尼文教材，著有《哈尼族文化研究》《哈尼族文化志》《中华文化通志·民族卷》《哈尼语简志》（合著），主编《哈尼文课本》《哈尼、汉词汇对照》，参与编写国家民委民族问题五种丛书中的《哈尼族简史》《中国少数民族》《中国少数民族语言》等，发表《哈尼族》《哈尼语》《哈尼语方言》《哈尼族文学的教学》《哈尼族纪年与节日》等20多篇文章。1994年由中央民族大学出版社出版的《哈尼

《哈尼文字方案（草案）》重要创制者王尔松

族文化研究》一书，从哈尼语言文字、文学艺术、历史文化、生活习俗等方面进行综合研究与论述。

白佐光

白佐光（1933—2011），云南省人大常委会原副主任，中共党员，云南省元阳县人。曾在建水县太和乡地下党工作，滇桂黔边纵第十支队红河护乡团指导员，红河县忠陀区民运股长，红河县瓦渣办事处主任、工作队长，红河哈尼族彝族自治州公安局副局长，中共元阳县委常委兼一区区委书记，红河哈尼族彝族自治州民政局副局长、州委常委兼组织部副部长，州委副书记兼州长。曾为第六届全国人大代表，云南省第七、八、九届人大代表，八、九届人大常委会副主任委员。

云南省人大常委会原副主任白佐光

云南民族学会哈尼族研究委员会第一届会长王正芳

王正芳，1934年出生，笔名阿甲，中共党员，云南省红河县人，云南省第八届人大常委委员、人大民委副主任（正厅）、云南民族学会哈尼族研究委员会第一届会长。1950年参加征粮工作队。曾任红河县瓦渣工作队副队长，共青团红河边工委副书记、元阳县委委员兼黄草岭、逢春岭、新街区委书记、

王正芳（中）

元阳县委宣传部部长，红河县委书记兼革委会主任，红河州民边委副主任，州革委会副主任、州政协副主席、州中级人民法院院长、州人民政府副州长，云南省民委副主任兼语委主任（正厅），第七届全国人民代表。1994年，当选云南民族学会哈尼族研究委员会第一届会长。1981年在《中国建设》杂志上撰文，向世界介绍中国哀牢山的哈尼族。主编《中国少数民族大辞典系列·哈尼族卷》《哀牢山的画卷》，参与编辑《哈尼族文化论丛》系列书籍，撰写发表《红河县哈尼族土司制度研究》《民族的丰碑》等论文。

黄河治理知名专家张存济

张存济，1935年出生，山东省无棣县人。原任宁夏水利科学研究所高级工程师、研究员、副所长、总工程师，宁夏回族自治区水利厅科技委员会副主任。对黄河治理开发研究有独创性，第一个提出引黄含沙水滴灌试验，得到国家科委的重视；变厚薄壳渡槽结构内力计算研究成果获自治区科技进步奖。1994年起享受国务院特殊津贴，1998年被授予自治区优秀科技工作者称号。当选为宁夏回族自治区第五、六、七届政协委员。

全国“百名好公仆”张学文

张学文，1938年出生，云南省政协原副主席，中共党员，云南省元江哈尼族彝族傣族自治县人。1958年参加工作。曾任共青团元江县委副书记、书记、县委常委、县扶贫办主任、县委副书记、县长、县委书记，中共玉溪地委副书记、行署副专员，1993年当选为红河哈尼族彝族自治州州长，1998年当选为云南省政协副主席等职务。先后荣获中共玉溪地区行署授予的“人民武装好领导”，中华人民共和国公安部授予“先进工作者”，被中共中央组织部评为全国“百名好公仆”荣誉称号。

李先猷

李先猷，1943年出生，云南省政协原副主席，中共党员，云南省元江哈尼族彝族傣族自治县人。1968年毕业于中央民族学院（现中央民族大学）汉语言文学系，随后到弥勒县农场劳动锻炼。1970年调丘北县革委会宣传组、县一中及个旧一中任教。1983年后历任红河哈尼族彝族自治州教育局副局长、局长，绿春县代理县长、县长，州委常委、州委副书记、州长。1993年当选为第八届全国人民代表大会代表、全国人大民族委员会委员，同年被选为省八届人大代表，调任人大常委会委员、人大教科文委员会副主任委员，人大环境与资源保护委员会主任委员。1998年调云南省教委任副主任。

云南省政协原副主席李先猷（左一）

哈尼族文化研究
重要开拓者毛佑全

毛佑全（1935—2008），又名勒黑，笔名岚峰，中共党员，云南省红河县人，红河哈尼族彝族自治州民族研究所原副研究员、民族学室主任。中国民间文艺家协会会员、中国民俗学会会员、中国西南民族研究学会理事、云南省民族学会哈尼族研究委员会顾问。毕业于云南省元江中学。1954年后在元江县哈施等小学、县文化馆、文教科、县委合作部工作；1958—1978年在农场劳动；1979—1986年任元江县文化馆副馆长、元江县民委主任、元江县人大常委会办公室主任；1986—1995年，任红河哈尼族彝族自治州民族研究所民族学室主任，从事少数民族历史文化调查研究。1954年后在《云南日报》《边疆文艺》《边疆青年报》等发表诗歌等文学作品。曾主编《元江报》和哈尼族民间长诗集《罗槃之歌》，参加《元江哈尼族彝族傣族自治县概况》撰稿，兼任《云南玉溪地区兄弟民族》《罗槃之歌》的组稿和编辑，起草《元江哈尼族彝族傣族自治县自治条例》，搜集整理编印《元江民族民间文学资料》一至四辑，翻译整理的哈尼族神话《收局阿央央者》获云南省民间文学优秀成果奖，所撰写的《哈尼生活情趣多》一文获云南省对台宣传好稿一等奖。在全国性的《民族研究》《世界宗教研究》等30多种报刊发表200多篇学术研究论文，出版《哈尼族》（合著）、《哈尼山乡风情录》《奕车风情》（合著）、《哈尼族文化初探》《哈尼族文化史》等专著，共计350多万字学术研究成果。在揭示哈尼族传统民俗文化方面，具有丰富的经验和独到见解，一定程度填补了哈尼族学术研究事业的若干历史空白。曾任政协红河哈尼族彝族自治州委员会第六、七届委员。其业绩小传已收入《中国现代民间文学家辞典》《中华英模大典》《世界名人录》等。1993年10月起享受国务院特殊津贴。

哈尼族文化研究重要开拓者毛佑全

《四季生产调》代表性传承人朱小和

朱小和，1940年出生，云南省元阳县人，哈尼族《四季生产调》代表性传承人。朱小和一家曾是当地著名的摩批世家，受家庭环境影响，自幼对哈尼族民间文化产生了浓厚兴趣，经常跟随祖父朱侯惹在梯田里和火塘边学唱哈尼族民歌。1954年，拜元阳

哈尼族《四季生产调》传承人朱小和(中)向徒弟传授哈尼哈巴技艺

县胜村乡高城村的普科罗为师，学习演唱哈尼族民间歌谣。经过多年来的不断刻苦学习，哈尼哈巴演唱水平得到了当地哈尼族群众的广泛认同，成为红河两岸家喻户晓的著名歌手。演唱的《四季生产调》包括引子、冬季、春季、夏季和秋季五大单元的内容，按季节顺序讲述梯田耕作的程序、技术要领，以及与之相应的天文历法知识、自然物候变化规律、节庆祭典知识和人生礼节规范，内容丰富、通俗易懂、可诵可唱，语言生动活泼，贴近生产生活，直白朴素，深受群众喜爱。1985—2002年，先后在广东、深圳、昆明演唱《哈尼阿培聪坡坡》迁徙史诗、《哈尼族古歌》等哈尼民间口传文学作品。1995年，演唱的创世史诗《窝果策尼果》获第二届云南文学艺术创作奖一等奖。2002年被云南省文化厅、云南省民族事务委员会命名为“云南省民族民间音乐师”。2007年6月被文化部确定为第一批国家级非物质文化遗产项目《四季生产调》代表性传承人。

国际名医杰出成就
金奖获得者马金福

马金福回到麻风村，受到村民欢迎

马金福，1944年出生，云南省墨江哈尼族自治县人，中共党员，1966年要求到墨江麻风病院工作，1982年到勐腊县皮防站工作，任站长。深入调查病情，宣传防病知识，亲手采药加工并在自己身上作毒副作用试验。用中草药结合西药治愈麻风病人488例，4个历史遗留的麻风寨子摘帽更名。被授予全国“五一”劳动奖章，当选中共十六大代表；获国际名医杰出成就金奖、全国马海德基金会奖和国家科技进步一等奖等；撰写的《联合化疗疗效观察及流行病学调查分析》等20多篇论文，收入《国际东西方医学优秀成果经典》等大型书刊。

工程勘察设计大师陶忠平

陶忠平，1950年出生，云南省墨江哈尼族自治县人，中共党员，1969年应征入伍，先后在水文地质普查部队、云南省水利水电勘测设计研究院工作，高级工程师。历任地勘队队长、勘察分院院长兼总工程师，水利水电勘测设计研究院副总工程师，云南水利学会勘测专业委员会副主任委员、云南发电学会勘测专业委员会副主任委员等职。曾主持参与昆明柴石滩水库、松华坝水库、渔洞水库、牛拦江—滇池补水工程等大中型水利工程的勘察工作。主要专著有《云南水利灌浆试验研究与实践》《云南水利水电工程地质实践》等。2002年起享受国务院特殊津贴，2011年被授予“云南工程勘察设计大师”称号。

全国第一届少数民族
文学创作奖获得者郎确

朗确，1946年出生，中共党员，云南省勐海县人。中国作家协会会员，作家，西双版纳州文联副主席。1965年参加工作，历任勐海县布朗山粮管所职工，勐海县委宣传部副部长，勐海县政协办公室主任，西双版纳傣族自治州文联副主席。中国少数民族作家学会理事，云南省作家协会理事。1972年开始发表作品，1977年在《云南日报》发表短篇小说《红艳艳的樱桃花》，是哈尼族作家发表的第一篇小说作品。1980年，散文《茶山新曲》获云南省及全国第一届少数民族文学创作奖，是哈尼族文学创作作品第一次在省以上文学评奖中获奖；短篇小说集《山里女人》

朗确（中）在哈尼人家采访

又获得第七届全国少数民族文学骏马奖。《歌手的妻子》在1981年《版纳》创刊号上发表后，被著名作家彭荆风推荐发表在《民族文学》1982年的第一期上，是哈尼族在全国报刊发表的第一篇文学作品。有20多篇小说作品陆续在《民族文学》发表，出版长篇小说《最后的鹿园》《风情山寨》和中篇小说《太阳女》《没有太阳的山林》《女儿山》《山里女人》《山里山外》《甜笋女》等中短篇小说集。小说《阿波搓当的遗嘱》获《云南日报》绿叶文学征文一等奖，《白鹇鸟》获云南省林业厅绿海杯征文二等奖，民间故事《小鸡报仇》获云南省民间文学奖，短篇小说《远方有片奥运林》在《人民文学》和《民族文学》联合举办的象山杯“我与奥运”有奖征文活动中，获小说类三等奖。

哈尼族文化历史学家史军超

史军超，1946年出生，云南省红河县人，云南省社会科学院研究员、院学术带头人，联合国教科文组织（UNESCO）特聘“世界文化遗产中国专家组”成员，中国少数民族文学研究会理事。是“红河哈尼梯田”申报世界遗产的提出、论证人及专家组组长，“思茅、西双版纳、临沧世界茶树原产地及普洱茶”申报世界遗产的提出人及课题组组长。长期调查研究国内外哈尼

史军超教授在首届哈尼梯田大会上做大会学术总结

族文化，发表科研成果600万字，专著13部、编著7部、译著1部，论文130篇。其中有中宣部、文化部、国家民委、中国社科院联合下达国家“七五”“八五”重点《哈尼族文学史》（独立，70万字）、国家艺术学科重点《哈尼族文化大观》（主编主撰）、《云海中的奇婚女性》；论文有《对元阳哈尼梯田申报世界遗产的调查研究》《打世界顶级品牌——关于建立云南省申报世界遗产战略的建议和构想》《世界茶文化源头之辩》《和夷的衍嬗》《滨海民族与高原民族的嫡裔》《神话的整化意识》《论洪水与葫芦的象征系统》《沧源崖画与氐族文学》；民族古典文学翻译整理作品有，大型哈尼族古歌《窝果策尼果》、长篇哈尼族迁徙史诗《哈尼阿培聪坡坡》、五卷本《中国民族民间文学丛书》和大型文化散文《山脊上跳动不息的精魂——哀牢山少数民族》等。获第十、十一届中国图书奖、第二届中国民族图书奖、中国文联与中国民协首届“山花奖”、云南省政府1979—1989年优秀科研成果奖、省第一、二、三届文学艺术创作奖励基金会一、三等奖。多次赴港、台及多个国家进行学术交流，被国际学术界评价为“是一个卓有成就的、国际知名的哈尼/阿卡文化历史学家”，因首倡并参与实施红河哈尼梯田申报世界遗产项目，被英国著名媒体BBC广播电台采访，多次受到中央电视台《生活》《走近科学》《探索与发现》栏目采访。2000年云南省第二届民族文化大省高级研讨会上遴选为社科院唯一大会发言人。著有《荷花魂》《走私女》《魔鬼阳台》《翡翠朱雀》《山凹上跳荡不息的精魂》《绿叶信》等文学作品。

德艺双馨的教育工作者段永兴

段永兴，1949年出生，中共党员，云南省易门县人，教授，昆明艺术职业学院党委书记、董事长。先后就读于云南玉溪师范和北京外国语学院。在部队服役期间从事宣传、教育工作；1984年至1986年在云南大学外语系任教；历任云南民族科技进修学院院长、聂耳音乐学校校长、昆明艺术职业学院院长等职。翻译和发表了《世界语教学法》《倾诉》《中华民族与民族英魂》等专著

段永兴在海峡两岸促进红河哈尼族多声部民歌申遗学术研讨会上演讲

和作品30多万字。创办的昆明艺术职业学院以"弘扬民族文化，培养德艺双馨的优秀艺术人才"为目标，崇尚创新，注重实践，引导做人，学院开设了音乐类等28个专业，被云南省委宣传部命名为"明星文化企业"，并授予"CCTV青年歌手电视大赛培训基地"。2007年，学院首次向农民工敞开大门，为整合农村劳动力资源，加强云南省农民工综合素养培训做出了贡献。段永兴于1995年、1997年、1999年、2001年、2003年出席在北京举行的"全国创业之星"经验交流和表彰大会；1996年教师节在人民大会堂受到江泽民等国家领导人的亲切接见。2007年，入围被誉为中国教育培训领域的"奥斯卡"评选活动的中国教育培训年度人物评选之管理人物。

以文学为名——哈尼族作家存文学

存文学，1952年出生，云南省宁洱哈尼族彝族自治县人，昆明市政协常委，昆明市作家协会副主席、昆明文学院院长、一级作家，1975年毕业于云南大学中文系汉语言文学专业。1969年参加工作，历任邮电职工、思茅区乡镇教师，《思茅文艺》杂志编辑，思茅地区作家协会副主席，昆明文学院副院长、院长，云南省作家协会理事。1980年开始发表作品，1982年加入云南省作家协会，1994年加入中国作家协会，2000年当选为昆明市作协副主席。先后在《人民文学》《十月》《当代》《收获》《民族文学》《萌芽》《小说》《小说家》《钟山》《大家》《小说界》《边疆文学》等刊物上发表了近百万字的作品。已出版《神秘的黑森林》

《兽灵》《悲怆之城》《黑蟒桥》《碧洛雪山》等长篇小说，《聂耳》《拉祜县长》《傣族名将》《我们的太阳》等长篇传记文学和报告文学，《怀金孕宝的群山》《兽之谷》《鹰之谷》等中短篇小说集。1994年获中华文学基金会颁发的“庄重文文学奖”，长篇小说《神秘的黑森林》获全国第四届少数民族文学奖，中短篇小说集《兽之谷》获全国第三届少数民族文学奖，2000年《聂耳》获云南省政府奖。长篇小说《悲怆之城》获昆明市茶花奖。根据同名长篇小说编剧的电影《碧罗雪山》在电影节上夺得“金爵奖”评委会大奖、最佳导演奖、最佳音乐奖，电影剧本入围第47届“金马奖”最佳改编剧本。2006年在云南省“四个一批”获“云南文学艺术贡献奖（文学创作）”、德艺双馨奖等。

存文学在首届中国俄罗斯文学合作交流会做发言：俄罗斯文学对我的影响

国家农业部柑橘病害防控首席科学家邓晓玲

邓晓玲，1966年出生，女，云南建水县人，中共党员，农学博士，1988年参加工作。现任华南农业大学资源环境学院教授、博士生导师，广东柑橘科技协会常务理事。主持多个国家自然科学基金和广东省自然科学基金、广东省科技攻关项目的研究；多次出席国际、国内学术会议，2006年至2007年应美国农业部农业研究中心的邀请，到美

邓晓玲教授对柑橘标准园建设考察指导

国进行“柑橘黄龙病分子检测技术及基因组分析”的合作研究，被美国农业部授予“柑橘黄龙病合作研究”特别贡献奖。是农业部确定的“十二五”国家农业现代产业技术体系岗位专家，柑橘病害防控首席科学家。

参考文献

1. 王正芳. 中国少数民族大辞典·哈尼族卷. 北京：民族出版社, 2007

2.《哈尼族简史》修订编写组. 哈尼族简史. 北京：民族出版社, 2008

3. 李泽然, 朱志民, 刘镜净. 中国哈尼族. 银川：黄河出版传媒集团宁夏人民出版社, 2012

4. 哲赫. 哈尼考辨. 昆明：云南民族出版社, 2010

5. 为则（李学良）. 哈尼族自然宗教形态研究. 昆明：云南民族出版社, 1995

6. 朱志民（井力）. 世界茶乡, 普洱茶都. 昆明：云南民族出版社, 2004

7. 白克仰, 普亚强, 黄世荣. 阿波李和才. 昆明：云南民族出版社, 2009

8. 云南民族学会哈尼族研究委员会. 哈尼族文化论丛（1~4辑）. 昆明：云南民族出版社

9. 陶国相. 哈尼族和谐理念与社会生活. 民族艺术研究, 2008（1）

10. 毛佑全. 哈尼族吸纳汉文化历史过程. 蒙自师范高等专科学校学报, 2000, 2（5）

11. 朱小丰. 古蜀文明探源. 西华大学学报：哲学社会科学版, 2009

12. 李建龙. 和尼起源于倭和. 首届哈尼族文化国际学术讨论会论文集. 昆明：云南民族出版社, 1996

图片提供者

（按姓氏音序排列）

《阿波李和才》
第 170 页
《云南日报》
第 174 页（上）
白进明
第 94 页
白马辛荣
第 163 页
白心学
第 54 页（上）
白者黑
第 60 页（下）
陈海宁
第 32 页
戴振华
第 178 页（下）
刀咏
第 34 页（下）
第 64 页（上）
第 68 页
第 75 页
第 102 页
第 109 页
第 111 页
第 114 页（下）
第 129 页（两幅）
第 142 页
第 152 页
格各朗和政府网
第 150 页
第 167 页
果依
第 15 页
第 33 页（两幅）
第 40 页
第 41 页（上）
第 58 页（下）
第 59 页（上）
第 61 页
第 66 页（下）
第 73 页
第 76 页（下）
第 77 页（上）
第 79 页（上）
第 120 页
第 148 页
哈尼梯田网
第 84 页
红河学院网
第 88 页
华南农业大学网
第 89 页
黄华
第 96 页
黄绍文
第 56 页
第 60 页（上）
第 79 页（下）
第 80 页
第 106 页
第 113 页
第 117 页
第 118 页
第 119 页（两幅）
黄兴鸿、王海翔
第 20 页
第 30 页
江城旅游网
第 160 页
姜定忠
第 46 页
第 59 页（下）
第 99 页
第 103 页（上）
景东自然保护区管理局
第 26 页
咔咔耗子
第 24 页（上）
昆明艺术职业学院网
第 182 页
乐途游民部落
第 128 页（上）
李普者
第 74 页（两幅）
第 77 页（下）
蔺以克
第 25 页（下）
刘大江
第 72 页
刘青
第 165 页
卢维前
第 28 页（下）
第 140 页
卢晓武
第 178 页
陆华
第 29 页
绿春黄连山自然保护区管理局
第 27 页（下）
罗素兰
第 183 页（下）
毛蝶
第 172 页
勐海网
第 63 页（上）
第 128 页（下）
第 166 页
米索
第 63 页（下）
第 149 页（上）
墨江吧
第 131 页
墨江旅游网
第 158 页
墨江民族学校网
第 87 页
普洱旅游网
第 134 页
普亚强
第 65 页
第 98 页（中）
第 114 页（上）
钱文杰
第 19 页
第 45 页
第 144 页
第 146 页
第 153 页
第 154 页
人民网
第 22 页
第 98 页（下）
沈河
第 149 页（下）
施达、陈桂芬
第 16 页
第 62 页
说三
第 17 页（下）
第 180 页（两幅）
谭建国
第 31 页
第 36 页（上）
唐云
第 27 页（上）
王承吉
第 47 页
王海涛
第 81 页
第 124 页
第 126 页
王桥银
第 64 页（下）
第 69 页
第 70 页
第 71 页（上）
第 138 页（中）
第 138 页（下）
第 168 页
网络
第 34 页（上）
第 37 页
第 54 页（下）
第 58 页（上）
第 67 页（下）
第 101 页
第 128 页（中）
第 130 页（上）
第 137 页
第 157 页
第 159 页
第 162 页
第 164 页
新华网
第 12 页（下）
新浪公益
第 86 页（两幅）
新浪普洱
第 28 页（上）
新平哈尼学会
第 176 页
熊德钦
第 44 页
阎雷（法）
第 10 页
第 38 页
第 42 页
杨薇
第 67 页（上）
元江县委宣传部
第 161 页
越南画报网
第 41 页（下）
云南非物质文化遗产保护网
第 97 页
张文海
第 18 页
张玉杰
第 91 页
赵德文
第 66 页（上）
第 71 页（下）
第 76 页（上）
第 82 页
第 98 页（上）
第 147 页
中国城市文化网
第 14 页
中国俄罗斯文学合作交流会网
第 183 页（上）

后记

2013年，是哈尼族全国性的知名度和美誉度空前提高，哈尼族传统文化在世界文化大舞台上绽放光彩的荣耀之年。

6月22日，在柬埔寨金边召开的联合国教科文组织第37届世界遗产委员会会议，审议了我国申报的红河哈尼梯田项目。世界遗产委员会一致认为，红河哈尼梯田文化景观保存和保护管理状况良好，具有高度的真实性和完整性，决定将其列入世界遗产名录，成为我国第四十五处世界遗产地，同时也是我国第一个以民族名称命名的世界遗产。网友评价说，哈尼梯田是我国先人们所创造的文明遗产中迄今仍在为人类创造实用价值的，在我们生活着的这个世界，有一些东西是很难超越的，哈尼梯田是很难超越的伟大创造。

7月后，“雕刻大山的民族——中国少数民族文化纪录之哈尼族文化展”以及《哈尼梯田文化景观展》等在北京和蒙自、包头、温州、廊坊等地开展。9月，中央电视台《新闻直播间》前所未有地以“全国大秋收景观直播”为主题，分别以《哈尼人梯田里描绘丰收景》《哈尼梯田稻鱼双丰收》《哈尼梯田喜丰收》为题，对云南红河甲寅他撒梯田稻谷秋收情况进行现场直播报道。10月，第四届中国民族节庆峰会暨“2013中国优秀民族节庆”评选中，中国·墨江北回归线国际双胞胎节暨哈尼太阳节成功摘得“最具国际影响力民族节庆”称号。

这一年，每一个哈尼人的努力、付出、收获和成就，都值得我们大书特书。

到柬埔寨金边出席第37届世界遗产委员会会议的申遗专家组长史军超和张红臻、李维以及一大批哈尼族专家、实际工作者，为“红河哈尼梯田”申报世界遗产成功，十三年来坚持不懈、艰苦细致地做好每一项工作。

白成亮策划、组织了历时一年的哈尼文化记录行动、哈尼族民俗文化摄影大赛及在北京等地的哈尼族文化展览。

著名物理化学家张存浩院士荣获2013年度国家最高科学技术奖，其相关报道中，哈尼族母亲龙文瑗教导、培养张存浩的故事令人感动。张存浩谈到母亲时说：“母亲虽然文化知识不多，但却十分有民族大义。”

第八届“龙腾奖——中国创意产业年度大奖”颁奖，陶国相获2013年中国创意产业杰出贡献奖，这是他在荣获2012中国经济创新十大人物特别奖后获得的又一殊荣。

云南民族大学学生普文杰，被授予全国青少年科技创新的最高奖项——第八届中国青少年科技创新奖，这是中国青少年的崇高荣誉，更显示了哈尼族年青的一代蓬勃、旺盛的生机和创造活力。

作为一个哈尼人，我庆幸生活在中华各民族发展、繁荣的新时代，目睹和亲历了当代哈尼族各方面发生巨变的重要过程。三十四年前，我在《云南日报》发表诗歌《同志，请记住他们》，是哈尼族作者较早在省级以上报刊发表的有别于新民歌的诗歌作品；1997年，我在《民族文学》发表《刻木记事民族的后代走上文坛——我国哈尼族作家和他们的作品》，是国家级报刊较为全面地介绍、评价哈尼族当代文学的第一篇文章。正如我在《梯田文化报》创刊号头版《二十年著一文》所述，一大批哈尼族作家矢志不移地跋涉、耕耘着，改写了没有书面文学的民族历史；哈尼族发展的大文，只有在祖国改革开放、繁荣昌盛的今天才能完成。

三十多年来，先后在乡、县基层和市、省机关工作。工作之余，坚持文学创作，开展少数民族文化和区域经济研究，以井力、艾苹、宗姝、阿德、阿古卡多等笔名，发表近百首诗歌、散文作品和五十多篇论文，多篇论文入选国际、全国、省文化学术讨论会及在国家、省、地报刊发表并获奖；著有诗集《遥望努玛阿美》（作家出版社）和专著《世界茶乡，普洱茶都》（云南民族出版社）、《经济普洱——普洱经济发展新视角》（云南科技出版社）、《中国哈尼族》（合著，黄河出版传媒集团、宁夏人民出版社）等。

感谢辽宁民族出版社策划、组织编写《走近中国少数民族丛书》。承蒙李泽然博士的推荐，由我承担《走近中国少数民族丛书·哈尼族》的编撰工作。李泽然博士先后毕业于中央民族大学和复旦大学，现任中央民族大学中国少数民族语言与古籍研究所副教授、硕士研究生导师，兼任中央民族大学哈尼学研究所秘书长，出版《汉哈会话》（合著）、《哈尼语研究》《云南绿春县哈尼族语言使用现状及其演变》（合著）、《哈尼语词汇学》《中国哈尼族》（合著）等专著。作为同胞和多年的朋友，我们在编撰《中国哈尼族》的过程中有密切的合作，在编撰《走近中国少数民族丛书·哈尼族》的工作中给予了具体的帮助。

朱志民

2014年4月18日